Classiques Larousse

Molière

Le Tartuffe
ou
l'Imposteur

comédie

Édition présentée, annotée et expliquée
par
GÉRARD FERREYROLLES
*ancien élève de l'E.N.S. d'Ulm
agrégé de lettres classiques*

LIBRAIRIE LAROUSSE

Collection fondée par Félix Guirand et continuée par Léon Lejealle.
© Librairie Larousse 1990.
ISBN 2-03-871315-1

Sommaire

PREMIÈRE APPROCHE

4	Petite biographie de Molière
7	L'homme de théâtre
9	La querelle du *Tartuffe*
11	L'intrigue et les principaux personnages

LE TARTUFFE OU L'IMPOSTEUR

16	Préface
24	Placets au roi
33	Acte premier
57	Acte II
85	Acte III
109	Acte IV
133	Acte V

DOCUMENTATION THÉMATIQUE

158	L'hypocrisie, un hommage du vice à la vertu ?
173	Index des thèmes de l'œuvre

175	**ANNEXES**
	(Analyses, critiques, bibliographie, etc.)

197	**PETIT DICTIONNAIRE POUR COMPRENDRE** *LE TARTUFFE*

Petite biographie de Molière

Les années d'études

Né à Paris en janvier 1622, Jean-Baptiste Poquelin était destiné à hériter de son père la charge de tapissier ordinaire du roi. Mais, après ses études à Paris au collège de Clermont tenu par les jésuites, il s'oriente vers le droit et obtient sa licence en 1642 à Orléans.

Quinze ans de « tribulations »

Cependant, la fascination du théâtre l'emporte sur la perspective d'une carrière bourgeoise : à vingt ans, Jean-Baptiste quitte définitivement la maison paternelle. En 1643, il fonde avec la famille Béjart la troupe de *l'Illustre-Théâtre*. Il prend peu après le nom de Molière. Les débuts sont peu encourageants : après deux années, la jeune compagnie fait faillite et Molière passe même quelques jours en prison pour dettes. Lorsqu'il sort, ce qui reste de la troupe part pour treize ans (1645-1658) en province, où Molière va parfaire son apprentissage de comédien.

Intégré à la troupe de Charles Dufresne, que protègent le duc d'Épernon puis le prince de Conti, *l'Illustre-Théâtre* sillonne la Guyenne, le Languedoc et la vallée du Rhône. Molière devient le directeur de la troupe pour laquelle il commence à écrire quelques canevas de farce, puis, en 1655 et en 1656, deux comédies plus ambitieuses : *l'Étourdi* et *le Dépit amoureux*. Devenu dévot, le prince de Conti condamne le théâtre et cesse de protéger Molière.

Molière attire les succès et les inimitiés

De retour à Paris, Molière et sa troupe bénéficient de la protection de Monsieur, frère du roi. En 1658, celui-ci leur offre une chance unique : jouer devant Louis XIV. Ils font si bien rire le jeune roi que celui-ci les autorise à s'installer à Paris, dans la salle du Petit-Bourbon ; deux ans plus tard, Molière obtient le théâtre du Palais-Royal. Il a pour lui l'essentiel du public et de hautes protections, à commencer par celle du monarque. Mais les traits dont il accable les précieuses, les prudes, les doctes, les petits marquis et les faux dévots lui valent aussi de solides inimitiés.

Ainsi, l'on peut marquer les principales étapes de la création moliéresque par les contestations qu'elle suscite : querelle des *Précieuses ridicules* (1659-1661), querelle de *l'École des femmes* (1662-1664), querelle du *Tartuffe* (1664-1669) englobant celle de *Dom Juan* (1665-1666).

Les dernières années sont moins mouvementées, quoique difficiles : Molière perd des amis chers et sa santé s'altère ; de plus, les manœuvres de Lully l'écartent quelque peu de Versailles et du roi. Ainsi, *le Malade imaginaire*, dernière pièce de l'auteur, n'est pas jouée à la Cour mais au Palais-Royal. Au cours de la quatrième représentation, le 17 février 1673, Molière est pris d'un malaise sur scène. Il meurt quelques heures plus tard, un an après Madeleine Béjart.

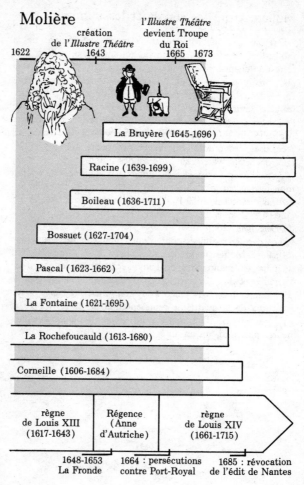

Molière

création
de l'*Illustre Théâtre*

l'*Illustre Théâtre*
devient Troupe
du Roi

1622   1643   1665   1673

La Bruyère (1645-1696)

Racine (1639-1699)

Boileau (1636-1711)

Bossuet (1627-1704)

Pascal (1623-1662)

La Fontaine (1621-1695)

La Rochefoucauld (1613-1680)

Corneille (1606-1684)

règne de Louis XIII (1617-1643)	Régence (Anne d'Autriche)	règne de Louis XIV (1661-1715)

1648-1653
La Fronde

1664 : persécutions
contre Port-Royal

1685 : révocation
de l'édit de Nantes

6

Acte premier

SCÈNE PREMIÈRE. MADAME PERNELLE ET
FLIPOTE *sa servante*, ELMIRE, MARIANE, DORINE,
DAMIS, CLÉANTE.

MADAME PERNELLE

Allons, Flipote, allons, que d'eux je me délivre.

*il veut
sortir*

ELMIRE

Vous marchez d'un tel pas qu'on a peine à vous suivre.

MADAME PERNELLE

Laissez, ma bru, laissez, ne venez pas plus loin :
Ce sont toutes façons dont je n'ai pas besoin.

ELMIRE

5 De ce que l'on vous doit envers vous on s'acquitte.
Mais, ma mère, d'où vient que vous sortez si vite ?

MADAME PERNELLE

C'est que je ne puis voir tout ce ménage-ci[1],
Et que de me complaire on ne prend nul souci.
Oui, je sors de chez vous fort mal édifiée :
10 Dans toutes mes leçons j'y suis contrariée,
On n'y respecte rien, chacun y parle haut,
Et c'est tout justement la cour du roi Pétaud[2].

DORINE

Si...

MADAME PERNELLE

Vous êtes, mamie, une fille suivante[3]
Un peu trop forte en gueule, et fort impertinente :
15 Vous vous mêlez sur tout de dire votre avis.

---

1. *Ce ménage-ci :* la façon dont on vit ici.
2. *Cour du roi Pétaud :* lieu de désordre, de confusion.
3. *Fille suivante :* servante et dame de compagnie.

DAMIS

Mais...

MADAME PERNELLE

Vous êtes un sot en trois lettres, mon fils ;
C'est moi qui vous le dis, qui suis votre grand-mère.
Et j'ai prédit cent fois à mon fils, votre père,
Que vous preniez tout l'air d'un méchant garnement,
20 Et ne lui donneriez jamais que du tourment.

MARIANE

Je crois...

MADAME PERNELLE

Mon Dieu, sa sœur, vous faites la discrète.
Et vous n'y touchez pas[1], tant vous semblez doucette.
Mais il n'est, comme on dit, pire eau que l'eau qui dort,
Et vous menez sous chape[2] un train que je hais fort.

ELMIRE

25 Mais, ma mère...

MADAME PERNELLE

Ma bru, qu'il ne vous en déplaise,
Votre conduite en tout est tout à fait mauvaise ;
Vous devriez leur mettre un bon exemple aux yeux,
Et leur défunte mère en usait beaucoup mieux.
Vous êtes dépensière ; et cet état[3] me blesse,
30 Que vous alliez vêtue ainsi qu'une princesse.
Quiconque à son mari veut plaire seulement,
Ma bru, n'a pas besoin de tant d'ajustement.

CLÉANTE

Mais, Madame, après tout...

MADAME PERNELLE

Pour vous, Monsieur son frère,
Je vous estime fort, vous aime et vous révère ;

---

1. *N'y touchez pas* : avez l'air de ne pas y toucher.
2. *Sous chape* : sous cape, en cachette.
3. *État* : train de vie.

Et qu'à moins de cela je ne dois point prétendre
1510 Qu'on puisse être content, et qu'on veuille se rendre.
Sans doute il est fâcheux d'en venir jusque-là,
Et c'est bien malgré moi que je franchis cela ;
Mais puisque l'on s'obstine à m'y vouloir réduire,
Puisqu'on ne veut point croire à tout ce qu'on peut dire,
1515 Et qu'on veut des témoins[1] qui soient plus convaincants,
Il faut bien s'y résoudre, et contenter les gens.
Si ce consentement porte en soi quelque offense,
Tant pis pour qui me force à cette violence ;
La faute assurément n'en doit pas être à moi.

TARTUFFE

1520 Oui, Madame, on s'en charge ; et la chose de soi...

ELMIRE

Ouvrez un peu la porte, et voyez, je vous prie,
Si mon mari n'est point dans cette galerie.

TARTUFFE

Qu'est-il besoin pour lui du soin que vous prenez ?
C'est un homme, entre nous, à mener par le nez ;
1525 De tous nos entretiens il est pour faire gloire[2],
Et je l'ai mis au point de voir tout sans rien croire.

ELMIRE

Il n'importe : sortez, je vous prie, un moment,
Et partout là dehors voyez exactement.

---

1. *Témoins :* témoignages.
2. *Pour faire gloire :* homme à se vanter.

125

Acte IV Scène 5

L'ORIGINALITÉ DE LA SCÈNE

1. Cette scène est l'une des plus hardies de tout le théâtre classique : expliquez en quoi elle peut choquer les « bienséances » (voir p. 197) qui sont de règle au XVIIᵉ siècle. Elle fait symétrie à la première entrevue de Tartuffe et d'Elmire (acte III, sc. 3) : analysez les ressemblances et les différences entre les deux scènes.

2. Montrez que cette rencontre se déroule en deux phases et que l'initiative passe de l'un à l'autre des interlocuteurs : quand Tartuffe, de poursuivi, devient-il poursuivant ? Relevez les arguments utilisés par Elmire pour vaincre la défiance de Tartuffe, puis pour lui résister. Comment l'embarras d'Elmire se traduit-il dans le style de sa tirade (vers 1411-1436) ? Quelles sont les différentes personnes désignées par le pronom « on » ?

LA DUPLICITÉ

3. Nous avons ici un exemple de théâtre dans le théâtre : la conversation entre Elmire et Tartuffe est suivie non seulement par les spectateurs de la salle, mais par un spectateur invisible qui est sur la scène. Montrez que les paroles d'Elmire (vers 1507-1519) s'adressent à deux destinataires différents et revêtent un double sens.

4. Imaginez les sentiments d'Orgon pendant cette scène. Pourquoi met-il si longtemps à sortir ?

5. Comment la méfiance de Tartuffe révèle-t-elle sa propre hypocrisie ? Pour comprendre la manipulation qu'il fait subir à la religion (vers 1485-1496), lisez la VIIᵉ *Provinciale* de Pascal sur la direction d'intention, « qui consiste à se proposer pour fin de ses actions un objet permis ».

6. Tartuffe, après ce qu'il a dit d'Orgon (vers 1523-1526), peut-il se rattraper ? Comparez avec l'acte III, scène 6.

Orgon (Bernard Fresson) et Elmire (Yolande Folliot).
Adaptation télévisée réalisée par Jean Pignol, 1980.

SCÈNE 6. ORGON, ELMIRE.

ORGON, *sortant de dessous la table.*
Voilà, je vous l'avoue, un abominable homme !
1530 Je n'en puis revenir, et tout ceci m'assomme[1].

---

1. *M'assomme :* m'accable.

ELMIRE

sarcasm

Quoi ? vous sortez si tôt ? vous vous moquez des gens.
Rentrez sous le tapis, il n'est pas encor temps ;
Attendez jusqu'au bout pour voir les choses sûres,
Et ne vous fiez point aux simples conjectures.

ORGON

1535 Non, rien de plus méchant n'est sorti de l'enfer.

ELMIRE

Mon Dieu ! l'on ne doit point croire trop de léger[1].
Laissez-vous bien convaincre avant que de vous rendre,
Et ne vous hâtez point, de peur de vous méprendre.

(Elle fait mettre son mari derrière elle.)

SCÈNE 7. TARTUFFE, ELMIRE, ORGON.

TARTUFFE

Tout conspire, Madame, à mon contentement :
1540 J'ai visité de l'œil tout cet appartement ;
Personne ne s'y trouve ; et mon âme ravie...

ORGON, *en l'arrêtant.*

Tout doux ! vous suivez trop votre amoureuse envie,
Et vous ne devez pas vous tant passionner.
Ah ! ah ! l'homme de bien, vous m'en voulez donner[2] !
1545 Comme aux tentations s'abandonne votre âme !
Vous épousiez ma fille, et convoitiez ma femme !
J'ai douté fort longtemps que ce fût tout de bon,
Et je croyais toujours qu'on changerait de ton ;
Mais c'est assez avant pousser le témoignage :
1550 Je m'y tiens, et n'en veux, pour moi, pas davantage.

---

1. *De léger* : à la légère.
2. *M'en voulez donner* : voulez me tromper.

ELMIRE, *à Tartuffe*.

C'est contre mon humeur que j'ai fait tout ceci :
Mais on m'a mise au point de vous traiter ainsi.

TARTUFFE

Quoi ? vous croyez... ?

ORGON

        Allons, point de bruit, je vous prie,
Dénichons[1] de céans, et sans cérémonie.

TARTUFFE

1555 Mon dessein...

ORGON

        Ces discours ne sont plus de saison !
Il faut, tout sur-le-champ, sortir de la maison.

TARTUFFE

C'est à vous d'en sortir, vous qui parlez en maître :
La maison m'appartient, je le ferai connaître,
Et vous montrerai bien qu'en vain on a recours,
1560 Pour me chercher querelle, à ces lâches détours,
Qu'on n'est pas où l'on pense[2] en me faisant injure,
Que j'ai de quoi confondre et punir l'imposture,
Venger le Ciel qu'on blesse, et faire repentir
Ceux qui parlent ici de me faire sortir.

1. *Dénichons* : allez-vous-en.
2. *Où l'on pense* : dans la position que l'on croit.

Du Croisy (1626-1695) comédien de la troupe de Molière, qui créa
le rôle de Tartuffe. Lithographie du début du XIXe siècle.
Bibliothèque de la Comédie-Française.

SCÈNE 8. ELMIRE, ORGON.

ELMIRE

665 Quel est donc ce langage ? et qu'est-ce qu'il veut dire ?

ORGON

Ma foi, je suis confus, et n'ai pas lieu de rire.

ELMIRE

Comment ?

ORGON

Je vois ma faute aux choses qu'il me dit,
Et la donation m'embarrasse l'esprit.

ELMIRE

La donation...

ORGON

Oui, c'est une affaire faite
670 Mais j'ai quelque autre chose encor qui m'inquiète.

ELMIRE

Et quoi ?

ORGON

Vous saurez tout. Mais voyons au plus tôt
Si certaine cassette est encore là-haut.

Sur l'ensemble de l'acte IV

1. L'acte IV confirme d'abord le triomphe remporté par Tartuffe à la fin de l'acte III.
a) Montrez que la scène 1 est un échec pour Cléante, le seul personnage qui semblait encore capable de contrer Tartuffe.
b) Le mariage de Tartuffe avec Mariane est sur le point de se réaliser : quels sont les éléments dans la réaction de Mariane (sc. 3) qui donnent à la pièce des résonances tragiques ?

2. Mais, toujours dans la scène 3, la situation se retourne à partir du moment où Orgon accepte de tendre un piège à Tartuffe (vers 1353). Pourquoi accepte-t-il ? Est-ce pour confondre Tartuffe ? Pourquoi, de son côté, celui-ci se laisse-t-il prendre (sc. 5) ? La sensualité est-elle la seule raison ?

Quelles précautions Molière prend-il pour faire admettre par le spectateur du XVIIᵉ siècle la scène hardie de l'entrevue ? Dites par quoi cette scène 5 et les deux suivantes font passer la pièce du registre de la tragédie à celui de la farce. Quelle justification Tartuffe tente-t-il de donner à Orgon de son comportement envers Elmire (sc. 7) ?

3. Une fois Tartuffe chassé, deux menaces pesant sur des personnes de la famille disparaissent. Lesquelles ? Tout, cependant, est-il réglé par le départ de l'hypocrite ? Orgon ne manque-t-il pas de prudence en démasquant brutalement Tartuffe ? Pourquoi ? Quels sont les deux nouveaux périls qui surgissent pour relancer le suspense à la fin de l'acte IV ?

4. Répertoriez les renversements de situation et les coups de théâtre qui ponctuent cet acte IV.

Acte V

SCÈNE PREMIÈRE.   ORGON, CLÉANTE.

CLÉANTE

Où voulez-vous courir ?

ORGON

Las ! que sais-je ?

CLÉANTE

Il me semble
Que l'on doit commencer par consulter[1] ensemble
575 Les choses qu'on peut faire en cet événement.

ORGON

Cette cassette-là me trouble entièrement ;
Plus que le reste encor elle me désespère.

CLÉANTE

Cette cassette est donc un important mystère ?

ORGON

C'est un dépôt qu'Argas, cet ami que je plains,
580 Lui-même, en grand secret, m'a mis entre les mains :
Pour cela, dans sa fuite, il me voulut élire ;
Et ce sont des papiers, à ce qu'il m'a pu dire,
Où sa vie et ses biens se trouvent attachés.

CLÉANTE

Pourquoi donc les avoir en d'autres mains lâchés ?

ORGON

585 Ce fut par[2] un motif de cas de conscience :
J'allai droit à mon traître en faire confidence ;
Et son raisonnement me vint persuader
De lui donner plutôt la cassette à garder,

---

1. *Consulter :* délibérer sur.
2. *Par :* à cause de.

Afin que, pour nier, en cas de quelque enquête,
1590 J'eusse d'un faux-fuyant la faveur toute prête,
Par où ma conscience eût pleine sûreté
À[1] faire des serments contre la vérité[2].

CLÉANTE

Vous voilà mal, au moins si j'en crois l'apparence ;
Et la donation, et cette confidence,
1595 Sont, à vous en parler selon mon sentiment,
Des démarches par vous faites légèrement.
On peut vous mener loin avec de pareils gages ;
Et cet homme sur vous ayant ces avantages,
Le pousser[3] est encor grande imprudence à vous,
1600 Et vous deviez[4] chercher quelque biais plus doux.

ORGON

Quoi ? sous un beau semblant de ferveur si touchante
Cacher un cœur si double, une âme si méchante !
Et moi qui l'ai reçu gueusant[5] et n'ayant rien...
C'en est fait, je renonce à tous les gens de bien :
1605 J'en aurai désormais une horreur effroyable.
Et m'en vais devenir pour eux pire qu'un diable.

CLÉANTE

Hé bien ! ne voilà pas de vos emportements !
Vous ne gardez en rien les doux tempéraments[6] ;
Dans la droite raison jamais n'entre la vôtre,
1610 Et toujours d'un excès vous vous jetez dans l'autre.
Vous voyez votre erreur, et vous avez connu[7]
Que par un zèle feint vous étiez prévenu[8] ;

---

1. *À* : pour.
2. *Par où ... vérité* : application de la doctrine de la « restriction mentale » décrite par Pascal dans *les Provinciales,* IXe lettre (1657).
3. *Pousser* : pousser à bout.
4. *Deviez* : auriez dû.
5. *Gueusant* : mendiant.
6. *Doux tempéraments* : juste mesure.
7. *Connu* : reconnu.
8. *Prévenu* : abusé.

Mais pour vous corriger, quelle raison demande
Que vous alliez passer dans une erreur plus grande,
1615 Et qu'avecque le cœur d'un perfide vaurien
Vous confondiez les cœurs de tous les gens de bien ?
Quoi ? parce qu'un fripon vous dupe avec audace
Sous le pompeux éclat d'une austère grimace[1],
Vous voulez que partout on soit fait comme lui,
1620 Et qu'aucun vrai dévot ne se trouve aujourd'hui ?
Laissez aux libertins ces sottes conséquences ;
Démêlez la vertu d'avec ses apparences,
Ne hasardez jamais votre estime trop tôt,
Et soyez pour cela dans le milieu qu'il faut :
1625 Gardez-vous, s'il se peut, d'honorer l'imposture,
Mais au vrai zèle aussi n'allez pas faire injure ;
Et s'il vous faut tomber dans une extrémité,
Péchez plutôt encor de cet autre côté.

SCÈNE 2. DAMIS, ORGON, CLÉANTE.

DAMIS

Quoi ? mon père, est-il vrai qu'un coquin vous menace ?
1630 Qu'il n'est point de bienfait qu'en son âme il n'efface,
Et que son lâche orgueil, trop digne de courroux,
Se fait de vos bontés des armes contre vous ?

ORGON

Oui, mon fils, et j'en sens des douleurs non pareilles[2].

DAMIS

Laissez-moi, je lui veux couper les deux oreilles ;
1635 Contre son insolence on ne doit point gauchir[3],

Damis veut tuer Tartuffe

---

1. *Austère grimace :* masque d'austérité.
2. *Non pareilles :* sans égales.
3. *Gauchir :* chercher des détours.

C'est à moi, tout d'un coup, de vous en affranchir,
Et pour sortir d'affaire, il faut que je l'assomme.

CLÉANTE

Voilà tout justement parler en vrai jeune homme.
Modérez, s'il vous plaît, ces transports éclatants :
1640 Nous vivons sous un règne et sommes dans un temps
Où par la violence on fait mal ses affaires.

SCÈNE 3. MADAME PERNELLE, MARIANE,
ELMIRE, DORINE, DAMIS, ORGON, CLÉANTE.

MADAME PERNELLE

Qu'est-ce ? J'apprends ici de terribles mystères.

ORGON

Ce sont des nouveautés dont mes yeux sont témoins,
Et vous voyez le prix dont sont payés mes soins.
1645 Je recueille avec zèle un homme en sa misère,
Je le loge, et le tiens comme mon propre frère ;
De bienfaits chaque jour il est par moi chargé ;
Je lui donne ma fille et tout le bien que j'ai ;
Et, dans le même temps, le perfide, l'infâme,
1650 Tente le noir dessein de suborner[1] ma femme,
Et non content encor de ces lâches essais,
Il m'ose menacer de mes propres bienfaits,
Et veut, à ma ruine, user des avantages
Dont le viennent d'armer mes bontés trop peu sages,
1655 Me chasser de mes biens, où je l'ai transféré[2],
Et me réduire au point d'où je l'ai retiré.

DORINE

Le pauvre homme !

---

1. *Suborner :* séduire.
2. *Où je l'ai transféré :* dont je l'ai fait propriétaire.

MADAME PERNELLE

Mon fils, je ne puis du tout croire
Qu'il ait voulu commettre une action si noire.

ORGON

Comment ?

MADAME PERNELLE

Les gens de bien sont enviés toujours.

ORGON

1660 Que voulez-vous donc dire avec votre discours,
Ma mère ?

MADAME PERNELLE

Que chez vous on vit d'étrange sorte,
Et qu'on ne sait que trop la haine qu'on lui porte.

ORGON

Qu'a cette haine à faire avec ce qu'on vous dit ?

MADAME PERNELLE

Je vous l'ai dit cent fois quand vous étiez petit :
1665 La vertu dans le monde est toujours poursuivie ;
Les envieux mourront, mais non jamais l'envie.

ORGON

Mais que fait[1] ce discours aux choses d'aujourd'hui ?

MADAME PERNELLE

On vous aura forgé cent sots contes de lui.

ORGON

Je vous ai dit déjà que j'ai vu tout moi-même.

MADAME PERNELLE

1670 Des esprits médisants la malice est extrême.

ORGON

Vous me feriez damner, ma mère. Je vous dis
Que j'ai vu de mes yeux un crime si hardi.

---

1. *Que fait :* quel rapport a.

MADAME PERNELLE

Les langues ont toujours du venin à répandre,
Et rien n'est ici-bas qui s'en puisse défendre.

ORGON

1675 C'est tenir un propos de sens bien dépourvu.
Je l'ai vu, dis-je, vu, de mes propres yeux vu,
Ce qu'on appelle vu : faut-il vous le rebattre[1]
Aux oreilles cent fois, et crier comme quatre ?

MADAME PERNELLE

Mon Dieu, le plus souvent l'apparence déçoit[2] :
1680 Il ne faut pas toujours juger sur ce qu'on voit.

ORGON

J'enrage.

MADAME PERNELLE

Aux faux soupçons la nature est sujette,
Et c'est souvent à mal que le bien s'interprète.

ORGON

Je dois interpréter à[3] charitable soin
Le désir d'embrasser ma femme ?

MADAME PERNELLE

Il est besoin,
1685 Pour accuser les gens, d'avoir de justes causes ;
Et vous deviez attendre à[4] vous voir sûr des choses.

ORGON

Hé, diantre ! le moyen de m'en assurer mieux ?
Je devais donc, ma mère, attendre qu'à mes yeux
Il eût... Vous me feriez dire quelque sottise.

---

1. *Rebattre* : répéter.
2. *Déçoit* : est trompeuse.
3. *À* : comme un.
4. *À* : de.

MADAME PERNELLE

1690 Enfin d'un trop pur zèle on voit son âme éprise ;
Et je ne puis du tout me mettre dans l'esprit
Qu'il ait voulu tenter les choses que l'on dit.

ORGON

Allez, je ne sais pas, si vous n'étiez ma mère,
Ce que je vous dirais, tant je suis en colère.

DORINE

1695 Juste retour, Monsieur, des choses d'ici-bas :
Vous ne vouliez point croire, et l'on ne vous croit pas.

CLÉANTE

Nous perdons des moments en bagatelles pures,
Qu'il faudrait employer à prendre des mesures.
Aux menaces du fourbe on doit ne dormir point.

DAMIS

1700 Quoi ? son effronterie irait jusqu'à ce point ?

ELMIRE

Pour moi, je ne crois pas cette instance[1] possible,
Et son ingratitude est ici trop visible.

CLÉANTE

Ne vous y fiez pas : il aura des ressorts[2]
Pour donner contre vous raison à ses efforts ;
1705 Et sur moins que cela, le poids d'une cabale
Embarrasse les gens dans un fâcheux dédale.
Je vous le dis encor : armé de ce qu'il a,
Vous ne deviez jamais le pousser jusque-là.

ORGON

Il est vrai ; mais qu'y faire ? À[3] l'orgueil de ce traître,
1710 De mes ressentiments je n'ai pas été maître.

---

1. *Instance :* action en justice.
2. *Ressorts :* manigances secrètes.
3. *À :* devant.

139

CLÉANTE

Je voudrais, de bon cœur, qu'on pût entre vous deux
De quelque ombre de paix raccommoder les nœuds[1].

ELMIRE

Si j'avais su qu'en main il a de telles armes,
Je n'aurais pas donné matière à tant d'alarmes,
1715   Et mes...

ORGON

            Que veut cet homme ? Allez tôt le savoir.
Je suis bien en état que l'on me vienne voir !

---

1. *De quelque ... nœuds :* arranger un semblant de réconciliation.

Acte V, Scène 3

Deux moments se distinguent dans cette scène : la dispute et la délibération.

LA DISPUTE

Elle oppose Orgon à sa mère. Cet épisode nous apprend-il quelque chose de nouveau ? Quelle est donc son utilité ? Mme Pernelle a-t-elle évolué depuis la première scène de la pièce ? Montrez que ses raisonnements ne s'appuient nullement sur l'expérience, mais sur des proverbes et des lieux communs. Qu'ont de particulièrement comiques dans sa bouche les vers 1679-1680 ? Quant à Orgon, bien qu'il soit maintenant détrompé sur Tartuffe, peut-on dire qu'il ait changé en profondeur ? En somme, les deux personnages qui s'opposent sont fort ressemblants : on assiste à la chamaillerie de deux enfants, la mère traitant toujours son fils en petit garçon, le fils traitant sa mère en enfant têtu ; c'est une dévalorisation réciproque des deux membres les plus sérieux et les plus austères de la famille.

LA DÉLIBÉRATION

Est-on plus avancé maintenant qu'à la fin de l'acte IV dans la lutte contre Tartuffe ? Les plus étonnants sont les vers 1711-1712. Cléante, l'homme de la sincérité, ne subit-il pas la contagion de Tartuffe ? En fait, pour la famille assemblée, le salut, comme la perte, ne peut venir que de l'extérieur.

SCÈNE 4. MONSIEUR LOYAL, MADAME PERNELLE, ORGON, DAMIS, MARIANE, DORINE, ELMIRE, CLÉANTE.

MONSIEUR LOYAL

Bonjour, ma chère sœur ; faites, je vous supplie,
Que je parle à Monsieur.

DORINE

               Il est en compagnie,
Et je doute qu'il puisse à présent voir quelqu'un.

MONSIEUR LOYAL

1720 Je ne suis pas pour être en ces lieux importun.
Mon abord[1] n'aura rien, je crois, qui lui déplaise ;
Et je viens pour un fait dont il sera bien aise.

DORINE

Votre nom ?

MONSIEUR LOYAL

          Dites-lui seulement que je viens
De la part de Monsieur Tartuffe, pour son bien.

DORINE, *à Orgon*.

1725 C'est un homme qui vient, avec douce manière,
De la part de Monsieur Tartuffe, pour affaire
Dont vous serez, dit-il, bien aise.

CLÉANTE

                 Il vous faut voir
Ce que c'est que cet homme, et ce qu'il peut vouloir.

ORGON

Pour nous raccommoder il vient ici peut-être :
1730 Quels sentiments aurai-je à lui faire paraître ?

CLÉANTE

Votre ressentiment ne doit point éclater ;

---

1. *Mon abord* : ma venue.

Et s'il parle d'accord, il le faut écouter.

MONSIEUR LOYAL

Salut, Monsieur. Le Ciel perde qui vous veut nuire,
Et vous soit favorable autant que je désire !

ORGON

1735 Ce doux début s'accorde avec mon jugement,
Et présage déjà quelque accommodement.

MONSIEUR LOYAL

Toute votre maison[1] m'a toujours été chère,
Et j'étais serviteur de[2] Monsieur votre père.

ORGON

Monsieur, j'ai grande honte et demande pardon
1740 D'être sans vous connaître ou savoir votre nom.

MONSIEUR LOYAL

Je m'appelle Loyal, natif de Normandie,
Et suis huissier à verge[3], en dépit de l'envie.
J'ai depuis quarante ans, grâce au Ciel, le bonheur
D'en exercer la charge avec beaucoup d'honneur ;
1745 Et je vous viens, Monsieur, avec votre licence[4],
Signifier l'exploit de certaine ordonnance[5]...

ORGON

Quoi ? vous êtes ici... ?

MONSIEUR LOYAL

Monsieur, sans passion :
Ce n'est rien seulement qu'une sommation,

---

1. *Maison :* famille.
2. *J'étais ... de :* j'ai rendu des services à.
3. *Verge :* baguette avec laquelle l'huissier touche celui à qui il vient signifier une décision de justice. Également symbole de la profession.
4. *Licence :* permission.
5. *Signifier ... ordonnance :* porter à votre connaissance un acte de saisie (exploit) dressé sur décision d'un juge (ordonnance).

Un ordre de vuider d'ici[1], vous et les vôtres,
1750 Mettre vos meubles hors[2], et faire place à d'autres,
Sans délai ni remise, ainsi que besoin est...

ORGON

Moi, sortir de céans ?

MONSIEUR LOYAL

Oui, Monsieur, s'il vous plaît.
La maison à présent, comme savez de reste,
Au bon Monsieur Tartuffe appartient sans conteste.
1755 De vos biens désormais il est maître et seigneur,
En vertu d'un contrat duquel je suis porteur :
Il est en bonne forme, et l'on n'y peut rien dire.

DAMIS

Certes cette impudence est grande, et je l'admire.

MONSIEUR LOYAL

Monsieur, je ne dois point avoir affaire à vous ;
1760 C'est à Monsieur : il est et raisonnable et doux,
Et d'un homme de bien il sait trop bien l'office[3],
Pour se vouloir du tout[4] opposer à justice.

ORGON

Mais...

MONSIEUR LOYAL

Oui, Monsieur, je sais que pour un million
Vous ne voudriez pas faire rébellion,
1765 Et que vous souffrirez, en honnête personne,
Que j'exécute ici les ordres qu'on me donne.

DAMIS

Vous pourriez bien ici sur votre noir jupon[5],
Monsieur l'huissier à verge, attirer le bâton.

---

1. *Vuider d'ici* : quitter ces lieux.
2. *Hors* : dehors, ailleurs.
3. *Office* : devoir.
4. *Du tout* : le moins du monde.
5. *Jupon* : veste à grande basque.

MONSIEUR LOYAL

Faites que votre fils se taise ou se retire,
1770 Monsieur. J'aurais regret d'être obligé d'écrire,
Et de vous voir couché dans mon procès-verbal.

DORINE

Ce Monsieur Loyal porte un air bien déloyal !

MONSIEUR LOYAL

Pour tous les gens de bien j'ai de grandes tendresses,
Et ne me suis voulu, Monsieur, charger des pièces
1775 Que pour vous obliger et vous faire plaisir,
Que pour ôter par-là le moyen d'en[1] choisir
Qui, n'ayant pas pour vous le zèle qui me pousse,
Auraient pu procéder d'une façon moins douce.

ORGON

Et que peut-on de pis que d'ordonner aux gens
1780 De sortir de chez eux ?

MONSIEUR LOYAL

                    On vous donne du temps,
Et jusques à demain je ferai surséance[2]
À l'exécution, Monsieur, de l'ordonnance.
Je viendrai seulement passer ici la nuit,
Avec dix de mes gens, sans scandale et sans bruit.
1785 Pour la forme, il faudra, s'il vous plaît, qu'on m'apporte,
Avant que[3] se coucher, les clefs de votre porte.
J'aurais soin de ne pas troubler votre repos,
Et de ne rien souffrir qui ne soit à propos.
Mais demain, du matin, il vous faut être habile
1790 À vuider de céans jusqu'au moindre ustensile :
Mes gens vous aideront, et je les ai pris forts,

---

1. *D'en :* d'autres huissiers.
2. *Ferai surséance :* accorderai un délai.
3. *Que :* de.

145

C. Mathieu, S. Eine (Cléante), J. Le Poulain (Orgon),
R. Fontana, R. Berry, C. Ferran, D. Gence
Comédie-Française, 1980.

Pour vous faire service à tout mettre dehors.
On n'en peut pas user mieux que je fais, je pense ;
Et comme je vous traite avec grande indulgence,
1795 Je vous conjure aussi, Monsieur, d'en user bien,
Et qu'au dû de ma charge[1] on ne me trouble en rien.

---

1. *Au dû de ma charge :* dans l'exercice de mes fonctions.

ORGON

Du meilleur de mon cœur je donnerais sur l'heure
Les cent plus beaux louis de ce qui me demeure,
Et pouvoir, à plaisir, sur ce mufle assener
1800 Le plus grand coup de poing qui se puisse donner.

CLÉANTE

Laissez, ne gâtons rien.

DAMIS

　　　　　　　À cette audace étrange,
J'ai peine à me tenir, et la main me démange.

DORINE

Avec un si bon dos, ma foi, Monsieur Loyal,
Quelques coups de bâton ne vous siéraient pas mal.

MONSIEUR LOYAL

1805 On pourrait bien punir ces paroles infâmes,
Mamie, et l'on décrète[1] aussi contre les femmes.

CLÉANTE

Finissons tout cela, Monsieur : c'en est assez ;
Donnez tôt ce papier, de grâce, et nous laissez.

MONSIEUR LOYAL

Jusqu'au revoir. Le Ciel vous tienne tous en joie !

ORGON

1810 Puisse-t-il te confondre, et celui qui t'envoie !

1. *Décrète :* lancer un décret d'arrestation.

Acte V Scène 4

L'INTERVENTION DE M. LOYAL

M. Loyal apparaît dans cette scène et ne reparaîtra plus. Montrez qu'il intervient à un moment où l'angoisse règne, que son arrivée suscite l'espoir puis plonge la famille dans un désarroi plus grand. Quels indices, dans son langage et ses manières, laissent pressentir dès le début de la scène la déloyauté de Loyal ? De quel autre personnage de la pièce est-il le double ? Pouvons-nous soupçonner entre eux une complicité et, si complicité il y a, s'étend-elle à d'autres personnes ?

L'INTRIGUE

Quelles scènes antérieures dans la pièce ont rendu celle-ci possible ? À quoi Tartuffe peut-il être occupé pendant qu'elle se déroule ?
Par quels éléments comiques Molière compense-t-il l'aggravation de la situation ? N'y a-t-il pas tout de même, pour la famille, un effet positif de cette visite de M. Loyal ?

SCÈNE 5. ORGON, CLÉANTE, MARIANE, ELMIRE, MADAME PERNELLE, DORINE, DAMIS.

ORGON

Hé bien, vous le voyez, ma mère, si j'ai droit[1],
Et vous pouvez juger du reste par l'exploit :
Ses trahisons enfin vous sont-elles connues ?

MADAME PERNELLE

Je suis tout ébaubie[2], et je tombe des nues !

DORINE

1815   Vous vous plaignez à tort, à tort vous le blâmez,
Et ses pieux desseins par-là sont confirmés :
Dans l'amour du prochain sa vertu se consomme[3] ;
Il sait que très souvent les biens corrompent l'homme,
Et, par charité pure, il veut vous enlever
1820   Tout ce qui vous peut faire obstacle à vous sauver.

ORGON

Taisez-vous : c'est le mot qu'il vous faut toujours dire.

CLÉANTE

Allons voir quel conseil[4] on doit vous faire élire.

ELMIRE

Allez faire éclater[5] l'audace de l'ingrat.
Ce procédé détruit la vertu[6] du contrat ;
1825   Et sa déloyauté va paraître trop noire,
Pour souffrir qu'il en ait le succès qu'on veut croire.

---

1. *Droit :* raison.
2. *Ébaubie :* ébahie.
3. *Se consomme :* atteint sa perfection.
4. *Conseil :* décision.
5. *Faire éclater :* rendre manifeste.
6. *Vertu :* validité.

SCÈNE 6. VALÈRE, ORGON, CLÉANTE, ELMIRE, MARIANE, etc.

VALÈRE

Avec regret, Monsieur, je viens vous affliger ;
Mais je m'y vois contraint par le pressant danger.
Un ami, qui m'est joint d'une amitié fort tendre,
1830 Et qui sait l'intérêt qu'en vous j'ai lieu de prendre,
A violé pour moi, par un pas délicat,
Le secret que l'on doit aux affaires d'État,
Et me vient d'envoyer un avis dont la suite
Vous réduit au parti d'une soudaine fuite.
1835 Le fourbe qui longtemps a pu vous imposer[1]
Depuis une heure au Prince a su vous accuser,
Et remettre en ses mains, dans les traits qu'il vous jette[2],
D'un criminel d'État l'importante cassette,
Dont, au mépris, dit-il, du devoir d'un sujet,
1840 Vous avez conservé le coupable secret.
J'ignore le détail du crime qu'on vous donne[3] ;
Mais un ordre est donné contre votre personne ;
Et lui-même est chargé, pour mieux l'exécuter,
D'accompagner celui qui vous doit arrêter.

CLÉANTE

1845 Voilà ses droits armés ; et c'est par où le traître
De vos biens qu'il prétend[4] cherche à se rendre maître.

ORGON

L'homme est, je vous l'avoue, un méchant animal !

VALÈRE

Le moindre amusement vous peut être fatal.
J'ai, pour vous emmener, mon carrosse à la porte,
1850 Avec mille louis qu'ici je vous apporte.

---

1. *Imposer* : tromper.
2. *Dans ... jette* : parmi les accusations qu'il lance contre vous.
3. *Donne* : prête.
4. *Prétend* : espère obtenir.

Ne perdons point de temps : le trait est foudroyant,
Et ce sont de ces coups que l'on pare en fuyant.
À vous mettre en lieu sûr je m'offre pour conduite,
Et veux accompagner jusqu'au bout votre fuite.

ORGON

1855 Las ! que ne dois-je point à vos soins obligeants !
Pour vous en rendre grâce il faut un autre temps ;
Et je demande au Ciel de m'être assez propice,
Pour reconnaître un jour ce généreux service.
Adieu : prenez le soin, vous autres...

CLÉANTE

Allez tôt :
1860 Nous songerons, mon frère, à faire ce qu'il faut.

SCÈNE 7. L'EXEMPT, TARTUFFE, VALÈRE, ORGON, ELMIRE, MARIANE, etc.

TARTUFFE

Tout beau, Monsieur, tout beau, ne courez point si vite :
Vous n'irez pas fort loin pour trouver votre gîte,
Et de la part du Prince on vous fait prisonnier.

ORGON

Traître, tu me gardais ce trait pour le dernier ;
1865 C'est le coup, scélérat, par où tu m'expédies[1],
Et voilà couronner[2] toutes tes perfidies.

TARTUFFE

Vos injures n'ont rien à me pouvoir[3] aigrir,
Et je suis pour le Ciel appris[4] à tout souffrir.

---

1. *Expédies* : achèves.
2. *Couronner* : pour couronner.
3. *À me pouvoir* : qui puissent.
4. *Appris* : habitué.

CLÉANTE

La modération est grande, je l'avoue.

DAMIS

1870 Comme du Ciel l'infâme impudemment se joue !

TARTUFFE

Tous vos emportements ne sauraient m'émouvoir,
Et je ne songe à rien qu'à faire mon devoir.

MARIANE

Vous avez de ceci grande gloire à prétendre,
Et cet emploi pour vous est fort honnête à prendre.

TARTUFFE

1875 Un emploi ne saurait être que glorieux,
Quand il part du pouvoir qui m'envoie en ces lieux.

ORGON

Mais t'es-tu souvenu que ma main charitable,
Ingrat, t'a retiré d'un état misérable ?

TARTUFFE

Oui, je sais quels secours j'en ai pu recevoir ;
1880 Mais l'intérêt du Prince est mon premier devoir ;
De ce devoir sacré la juste violence
Étouffe dans mon cœur toute reconnaissance,
Et je sacrifierais à de si puissants nœuds
Ami, femme, parents, et moi-même avec eux.

ELMIRE

1885 L'imposteur !

DORINE

Comme il sait, de traîtresse manière,
Se faire un beau manteau[1] de tout ce qu'on révère !

CLÉANTE

Mais s'il est si parfait que vous le déclarez,
Ce zèle qui vous pousse et dont vous vous parez,
D'où vient que pour paraître il s'avise d'attendre

---

1. *Manteau* : prétexte.

1890 Qu'à poursuivre sa femme il ait su vous surprendre,
Et que vous ne songez à l'aller dénoncer
Que lorsque son honneur l'oblige à vous chasser ?
Je ne vous parle point, pour devoir en distraire,
Du don de tout son bien qu'il venait de vous faire ;
1895 Mais le voulant traiter en coupable aujourd'hui,
Pourquoi consentiez-vous à rien prendre de lui ?

TARTUFFE, *à l'Exempt.*

Délivrez-moi, Monsieur, de la criaillerie,
Et daignez accomplir votre ordre, je vous prie.

L'EXEMPT

Oui, c'est trop demeurer sans doute à l'accomplir :
1900 Votre bouche à propos m'invite à le remplir ;
Et pour l'exécuter, suivez-moi tout à l'heure
Dans la prison qu'on doit vous donner pour demeure.

TARTUFFE

Quoi ? moi, Monsieur ?

L'EXEMPT

Oui, vous.

TARTUFFE

Pourquoi donc la prison ?

L'EXEMPT

Ce n'est pas vous à qui j'en veux rendre raison.
1905 Remettez-vous, Monsieur, d'une alarme si chaude.
Nous vivons sous un Prince ennemi de la fraude,
Un Prince dont les yeux se font jour[1] dans les cœurs,
Et que ne peut tromper tout l'art des imposteurs.
D'un fin discernement sa grande âme pourvue
1910 Sur les choses toujours jette une droite vue ;
Chez elle jamais rien ne surprend trop d'accès[2],
Et sa ferme raison ne tombe en nul excès.
Il donne aux gens de bien une gloire immortelle ;

---

1. *Se font jour :* voient clairement.
2. *Rien ... d'accès :* aucune illusion ne peut l'abuser.

Mais sans aveuglement il fait briller ce zèle,
1915 Et l'amour pour les vrais ne ferme point son cœur
À tout ce que les faux doivent donner d'horreur.
Celui-ci n'était pas pour le pouvoir surprendre,
Et de pièges plus fins on le voit se défendre.
D'abord il a percé, par ses vives clartés,
1920 Des replis de son cœur toutes les lâchetés.
Venant vous accuser, il s'est trahi lui-même,
Et par un juste trait de l'équité suprême,
S'est découvert au Prince un fourbe renommé,
Dont sous un autre nom il était informé ;
1925 Et c'est un long détail d'actions toutes noires
Dont on pourrait former des volumes d'histoires.
Ce monarque, en un mot, a vers vous[1] détesté
Sa lâche ingratitude et sa déloyauté ;
À ses autres horreurs il a joint cette suite,
1930 Et ne m'a jusqu'ici soumis à sa conduite[2]
Que pour voir l'impudence aller jusques au bout,
Et vous faire par lui faire raison[3] de tout.
Oui, de tous vos papiers, dont il se dit le maître,
Il veut qu'entre vos mains je dépouille le traître.
1935 D'un souverain pouvoir, il brise les liens
Du contrat qui lui fait un don de tous vos biens,
Et vous pardonne enfin cette offense secrète
Où vous a d'un ami fait tomber la retraite[4] ;
Et c'est le prix qu'il donne au zèle qu'autrefois
1940 On vous vit témoigner en appuyant ses droits[5],
Pour montrer que son cœur sait, quand moins on y pense,
D'une bonne action verser la récompense,
Que jamais le mérite avec lui ne perd rien,
Et que mieux que du mal il se souvient du bien.

---

1. *Vers vous* : (ingratitude) envers vous.
2. *Soumis à sa conduite* : ordonné de l'accompagner.
3. *Raison* : réparation, restitution.
4. *Où ... retraite* : à laquelle vous a contraint l'exil d'un ami.
5. *Au zèle ... ses droits* : allusion à la conduite d'Orgon pendant la Fronde.

DORINE

1945 Que le Ciel soit loué !

MADAME PERNELLE

Maintenant je respire.

ELMIRE

Favorable succès[1] !

MARIANE

Qui l'aurait osé dire ?

ORGON, *à Tartuffe.*

Hé bien ! te voilà, traître...

CLÉANTE

Ah ! mon frère, arrêtez,
Et ne descendez point à des indignités ;
À son mauvais destin laissez un misérable,
1950 Et ne vous joignez point au remords qui l'accable :
Souhaitez bien plutôt que son cœur en ce jour
Au sein de la vertu fasse un heureux retour,
Qu'il corrige sa vie en détestant son vice
Et puisse du grand Prince adoucir la justice,
1955 Tandis qu'à sa bonté vous irez à genoux
Rendre ce que demande un traitement si doux.

ORGON

Oui, c'est bien dit : allons à ses pieds avec joie
Nous louer des bontés que son cœur nous déploie.
Puis, acquittés un peu de ce premier devoir,
1960 Aux justes soins d'un autre il nous faudra pourvoir,
Et par un doux hymen couronner en Valère
La flamme d'un amant généreux et sincère.

J. B. P. Molière

---

1. *Succès :* issue.

Sur l'ensemble de l'acte V

LES DEUX MENACES

Deux périls étaient évoqués à la fin de l'acte IV : la donation et la cassette. Le premier péril menace la famille de ruine, le second de déshonneur. À quels moments du dernier acte ces dangers se concrétisent-ils ? Les avis de Cléante (sc. 1), de Damis (sc. 2), d'Elmire (sc. 3) apportent-ils un remède ? La scène au moins se remplit, signe que la famille désunie se recompose : à partir de quand l'unité est-elle parfaitement réalisée ? Est-ce un retour au début de la pièce ? Y a-t-il des moments de détente et de drôlerie dans la marche à la catastrophe ?

LE DÉNOUEMENT

Montrez que Molière a attendu la dernière extrémité pour délivrer ses personnages. Pourquoi ? Tartuffe vient assurer sa victoire finale : en quoi ajoute-t-il l'odieux à l'hypocrisie ? Son hypocrisie elle-même n'est-elle pas redoublée ? Dans une mise en scène récente, l'exempt était figuré en ange : le texte justifie-t-il cette présentation ? Quelle image du roi nous est donnée ? Un bon dénouement doit être à la fois imprévu et vraisemblable : celui du *Tartuffe*, qui a souvent été contesté, vous paraît-il satisfaire à ces deux conditions ? À la fin de la pièce, Orgon est-il devenu sage ? Qu'en déduire sur le caractère des personnages de Molière ? Remarquez le silence de Tartuffe : comment l'interpréter ? N'est-ce pas la seule attitude qui respecte la part mystérieuse du personnage ?

Documentation
thématique

L'hypocrisie, un hommage
du vice à la vertu ? p. 158

Index des thèmes de l'œuvre p. 173

L'hypocrisie, un hommage du vice à la vertu ?

Un Tartuffe du XXᵉ siècle

François Mauriac (1885-1970) est avant tout un romancier, et plus précisément — comme il le dit lui-même — « un catholique qui écrit des romans ». Mais il est aussi dramaturge. Dans *Asmodée*, pièce en cinq actes jouée pour la première fois en 1937, il met en scène la vie d'une aristocrate encore jeune, Marcelle de Barthas, qui depuis la mort de son mari a fait de Blaise Coûture le précepteur de ses enfants et son confident. Cet étrange personnage, d'une quarantaine d'années, a su se rendre indispensable dans la maison. Son maintien austère et ses prétentions à la direction spirituelle ne l'empêchent pas de jeter son dévolu sur la châtelaine et éventuellement sur ses domaines.

MARCELLE. Je ne suis qu'une pauvre femme, Monsieur Coûture... et si je n'avais la charge de ce grand domaine, de cette maison, si je n'avais les enfants... il me semble qu'à certaines heures, je n'en pourrais plus de solitude.
BLAISE, *ardent*. Non, non : vous savez bien que vous n'êtes pas seule.
MARCELLE, *le regardant dans les yeux*. C'est vrai, je suis une ingrate : il y a Dieu.
BLAISE, *déçu, amer*. Oui, oui, il y a Dieu.
MARCELLE. Hélas, Monsieur Coûture, je ne suis pas quelqu'un à qui Dieu suffise.

BLAISE, *changeant de ton.* Croyez-moi : il n'existe que très peu de femmes à qui Dieu suffise... Peut-être n'existe-t-il personne à qui Dieu seul suffise... Je ne vous scandalise pas, au moins ?

MARCELLE. Vous m'étonnez un peu, je l'avoue.

BLAISE. Peut-être me suis-je mal exprimé. Je crois, si vous préférez, qu'il faut être deux pour s'élever jusqu'à lui, et que nous ne l'appréhendons jamais mieux que dans le cœur d'une créature aimée et qui vous aime...

MARCELLE, *riant.* Vous m'apprenez là un drôle de catéchisme !...

BLAISE. Pour beaucoup de femmes, le plus court chemin vers la perfection c'est... la tendresse. Cela ne veut pas dire qu'on doive s'abandonner à tous ses instincts, bien entendu !

MARCELLE, *moqueuse.* Serait-ce par hasard l'enseignement qu'on vous a donné au séminaire ?

BLAISE, *furieux.* Je déteste que vous me rappeliez que j'ai été séminariste... Mais vous le faites exprès !

MARCELLE. Il n'y a pas de honte à avoir été au séminaire !

BLAISE. Vous savez bien que je n'y ai pas traîné... et qu'au bout de six mois j'avais déjà pris le large...

MARCELLE. Tiens, je croyais que c'étaient vos supérieurs qui n'avaient pas voulu vous garder...

BLAISE. Oh ! J'en serais bien sorti sans eux, je vous le jure ! Leur haine n'a fait que devancer mon désir...

MARCELLE. Cher Monsieur Coûture, vous vous croyez toujours persécuté ! On a jugé simplement que vous n'aviez pas la vocation... Quelle raison vos supérieurs auraient-ils pu avoir de vous haïr, je vous le demande ?

BLAISE. La raison ? C'est que j'avais pris trop d'influence sur mes condisciples... Je détournais la clientèle des directeurs, comprenez-vous ? C'est par jalousie qu'ils m'ont mis à la porte.

MARCELLE.   N'étaient-ils pas plutôt inquiets du trouble que vous répandiez ? Je crains que vous ne soyez pas juste envers ces messieurs.

BLAISE, *haineux*.   Des gens qui m'ont jeté sur le pavé ! Je les exècre.

MARCELLE.   Voyons, Monsieur Coûture ! Ils n'ont eu de cesse qu'ils ne vous aient trouvé une place. Rappelez-vous : c'est sur leur recommandation que je vous ai pris ici...

BLAISE.   Parbleu ! Je vous répète qu'ils voulaient se débarrasser de moi coûte que coûte... Je les connais, allez ! D'ailleurs, pour qu'ils n'aient pas hésité à placer un garçon de mon âge chez une veuve encore jeune, il fallait qu'ils fussent bien pressés de me voir les talons...

MARCELLE, *riant*.   Oh ! pour cela, non, Monsieur Coûture ! ils n'ont pas cru qu'il y eût le moindre danger de ce côté-là !... ça, je vous le jure ! C'est une idée qui ne serait venue à personne.

BLAISE, *amer*.   Oui, bien sûr... Je comprends ce que vous voulez dire ; nous appartenons à deux mondes différents, à deux planètes... Aucune rencontre n'est possible entre nous, n'est même imaginable... Et puis, il y a ma figure, n'est-ce-pas ?... ma triste figure...

MARCELLE.   Il ne s'agit pas de votre figure...

BLAISE, *de même*.   Il n'est pas nécessaire d'être beau pour être aimé...

MARCELLE.   Naturellement, Monsieur Coûture ! et tenez, à la réflexion, je vous accorde même volontiers que votre présence chez moi aurait pu donner prise à la médisance.

François Mauriac,
Asmodée (acte I, sc. 4), Grasset, 1938.

La condamnation chrétienne

La plus forte condamnation de l'hypocrisie, et spécialement de l'hypocrisie religieuse, est prononcée par le Christ dans l'*Évangile selon saint Matthieu*. Molière fait très probablement écho à ce texte lorsqu'il évoque, au vers 361 du *Tartuffe*, les « dévots de place » et lorsqu'il décrit l'attitude de Tartuffe.

Lorsque tu fais l'aumône, ne va pas le claironner devant toi ; ainsi font les hypocrites dans les synagogues et dans les rues, afin d'être honorés des hommes ; en vérité, je vous le dis, ils ont déjà leur récompense. Pour toi, quand tu fais l'aumône, que ta main gauche ignore ce que fait ta main droite, afin que ton aumône soit secrète ; et ton Père, qui voit dans le secret, te le rendra.

Et quand vous priez, n'imitez pas les hypocrites : ils aiment, pour faire leurs prières, à se camper dans les synagogues et aux coins des places, afin de se faire voir des hommes. En vérité, je vous le dis, ils ont déjà leur récompense. Pour toi, quand tu pries, retire-toi dans ta chambre, ferme sur toi la porte et prie ton Père qui est là, dans le secret ; et ton Père, qui voit dans le secret, te le rendra. [...]

Malheur à vous, scribes et Pharisiens, hypocrites, parce que vous ressemblez à des sépulcres blanchis : à l'extérieur ils paraissent beaux, mais à l'intérieur ils sont pleins d'ossements de morts et de toute sorte d'impuretés. Ainsi de vous : à l'extérieur vous paraissez justes aux hommes, mais à l'intérieur vous êtes remplis d'hypocrisie et d'injustice.

Évangile selon saint Matthieu

(VI, 2-6 et XXIII, 27).

Le Père jésuite Bourdaloue (1632-1700), contemporain de Bossuet, est avec lui un des maîtres de l'éloquence sacrée. Dans son célèbre sermon *Sur l'hypocrisie*, prononcé probablement à Versailles en 1691, il s'attache moins à l'hypocrisie en elle-même qu'à ses effets dommageables sur les chrétiens tièdes ou crédules, et sur les libertins — qui en tirent prétexte pour demeurer dans leur impiété.

Comme l'impie est déterminé à être impie, et que la passion à laquelle il s'abandonne l'engage à vivre dans une déplorable corruption de mœurs, il voudrait qu'en cela même tout le reste des hommes lui ressemblât ; et quoiqu'il se reconnaisse pécheur et qu'il fasse profession de l'être, sa joie serait de se pouvoir flatter qu'il est aussi homme de bien que tous les autres, ou plutôt que tous les autres ne sont pas meilleurs que lui. Ce sentiment est bizarre, et néanmoins très naturel. Quoi qu'il en soit de ce sentiment bizarre, il se forme une opinion et se convainc peu à peu que la chose est en effet de la manière qu'il se la figure, et qu'il souhaiterait qu'elle fût ; et parce que l'exemple des hypocrites et des faux dévots appuie son erreur et lui donne quelque couleur de vraisemblance, il s'arrête à cette vraisemblance, au préjudice de toutes les raisons contraires. Parce qu'il y a des dévots hypocrites, il conclut d'abord que tous le peuvent être ; et de là passant plus loin, il s'assure [= il se persuade] que la plupart et même communément tous le sont. Il s'obstine dans ses désordres par cette vaine persuasion que ceux qu'on croit dans le monde mener une vie plus régulière et avoir plus de probité, à bien considérer tout, ne valent pas mieux que lui ; que la différence qu'il y a entre lui et eux, c'est que ceux-ci sont ordinairement plus dissimulés et plus adroits à se cacher, mais qu'ils ont du reste leurs engagements comme il a les siens ; que pour certains vices grossiers que le seul respect humain leur fait éviter, ils en ont d'autres, plus spirituels à la vérité, mais qui ne sont pas moins condamnables devant Dieu ; que s'ils ne sont pas débauchés, ils sont orgueilleux, ils sont ambitieux, ils sont jaloux, ils sont intéressés. D'où vient que, malgré leur régularité et leur libertinage, il a même l'assurance, je devrais dire l'extravagance, de se croire dans un sens moins coupable qu'eux, parce qu'il est au moins de bonne foi et qu'il n'affecte point de paraître ce qu'il n'est pas. Voilà les préjugés d'un libertin, qui vont à effacer, autant qu'il est possible, de son esprit toute idée de la véritable piété.

Bourdaloue,
Sermon pour le septième dimanche après la Pentecôte :
Sur l'hypocrisie.

La tentation de frère Renart

Les ruses et perfidies de Renart, le goupil, lui ont valu la condamnation à mort. Il échappe cependant à la pendaison en acceptant de se faire moine : serait-il vraiment converti ?

Renart est sorti de prison ; il est devenu frère au moûtier [= monastère] ; on lui donne, pour l'attirer, du poisson et on l'endoctrine [= l'instruit]. On l'habille des vêtements de l'Ordre, lui le vaincu ; et, avant qu'un jour ne s'écoule, il est guéri de tous les maux qu'il endura. Il retient ce qu'on lui enseigne ; il n'a pas du tout l'air de feindre ; il fait tous les gestes des moines et les frères le croient très sage. On le chérit, on l'aime bien, on l'appelle Frère Renart. S'il fait ainsi le papelard, c'est en attendant qu'une ruse lui permette de se sauver.

Renart remplit bien son office, se rend volontiers à l'église, mais il lui revient très souvent le souvenir de ces gélines [= poules] dont il savait ronger l'échine ; et, très souvent, la tentation le pousse à quitter son état. Mais il respecte son costume et se tient honnêtement. Il apprend les règles de l'Ordre afin que nul ne le reprenne.

Un jour qu'il avait écouté de tout cœur la messe chantée, il sort derrière le moûtier, tenant un psautier à la main. Tibert le riche, un bourgeois qui n'était ni chiche ni avare, avait donné au monastère quatre gras chapons d'un an et Renart les a vite aperçus : il sera déçu s'il ne peut sur leur dos jouer des mâchoires ; il espère s'en régaler.

— Par Dieu ! dit-il, je ne suis pas de ceux qui ont fait vœu de ne jamais manger de viande. Et il serait plaisant de me faire prononcer un pareil vœu ; car, Dieu le sait, je serais malade : je ne peux me passer de viande. Si j'en peux trouver l'occasion, on verra ce que je sais faire, quoi qu'on dise ou ne dise pas !

Le jour disparaît, la nuit vient. Renart se souvient des chapons, car il ne peut les oublier. Toute sa sagesse est partie. Il a délogé les chapons, en mange un de grand appétit et il enterre les trois autres qu'il reviendra chercher demain. Il les couvre d'herbe et de paille et puis il s'en va se coucher. Nul ne peut savoir un seul mot du larcin qu'il vient de commettre.

L'aventure a très bien tourné et il revient à sa nature. Le lendemain, après matines, Renart, qui aime les gélines, s'est restauré de deux chapons, puis il est retourné au cloître. Il a mangé les trois premiers et nul ne s'en est aperçu. Quand il mangeait le quatrième, un frère qui passait par là voit que Renart le roux les trompe. Et quand on l'apprend au couvent, Renart est rudement blâmé ! Il s'offre alors à réparer, mais Frère

Bernard s'y oppose. Il avait mangé un corbeau que les frères avaient en leur pré. Il avait commis trop de vols et il sait qu'il est condamné. Ils lui retirent son habit et lui signifient son congé : il est maintenant assez gras et il ne demandait rien d'autre.

Le Roman de Renart
(VIᵉ branche, dernière aventure),
XIIᵉ-XIIIᵉ siècle, traduction de J. Haumont,
édition d'art H. Piazza, 1966.

L'art du faux-semblant

Les auteurs satiriques du XVIIᵉ siècle ont excellé dans la critique des vices du temps, où l'hypocrisie a sa bonne part : ainsi La Bruyère est un chrétien scandalisé par la fausse dévotion. Dans le portrait d'*Onuphre*, il prend à plusieurs reprises le contre-pied de Molière en décrivant un hypocrite déjouant les pièges et tentations où succombait Tartuffe. *Onuphre* est parfait dans son genre : du coup, il devient purement odieux et cesse d'être un personnage comique.

Onuphre n'a pour tout lit qu'une housse de serge grise, mais il couche sur le coton et sur le duvet ; de même il est habillé simplement, mais commodément, je veux dire d'une étoffe fort légère en été, et d'une autre fort moelleuse pendant l'hiver ; il porte des chemises très déliées, qu'il a un très grand soin de bien cacher. Il ne dit point : « Ma haire et ma discipline », au contraire ; il passerait pour ce qu'il est, pour un hypocrite, et il veut passer pour ce qu'il n'est pas, pour un homme dévot : il est vrai qu'il fait en sorte que l'on croit, sans qu'il le dise, qu'il porte une haire et qu'il se donne la discipline. Il y a quelques livres répandus dans sa

165

chambre indifféremment, ouvrez-les : c'est *le Combat spirituel, le Chrétien intérieur* et *l'Année sainte ;* d'autres livres sont sous la clef. S'il marche par la ville et qu'il découvre au loin un homme devant qui il est nécessaire qu'il soit dévot, les yeux baissés, la démarche lente et modeste, l'air recueilli lui sont familiers : il joue son rôle. S'il entre dans une église, il observe d'abord de qui il peut être vu ; et, selon la découverte qu'il vient de faire, il se met à genoux et prie, ou il ne songe ni à se mettre à genoux ni à prier. Arrive-t-il vers lui un homme de bien et d'autorité qui le verra et qui peut l'entendre, non seulement il prie, mais il médite, il pousse des élans et des soupirs ; si l'homme de bien se retire, celui-ci, qui le voit partir, s'apaise et ne souffle pas [= reste silencieux]. [...] Il évite une église déserte et solitaire, où il pourrait entendre deux messes de suite, le sermon, vêpres et complies, tout cela entre Dieu et lui, et sans que personne lui en sût gré : il aime la paroisse, il fréquente les temples où il se fait un grand concours [= un grand rassemblement] ; on n'y manque point son coup, on y est vu. Il choisit deux ou trois jours dans toute l'année, où à propos de rien il jeûne ou fait abstinence ; mais à la fin de l'hiver il tousse, il a une mauvaise poitrine, il a des vapeurs, il a eu la fièvre : il se fait prier, presser, quereller pour rompre le carême dès son commencement, et il en vient là par complaisance. Si Onuphre est nommé arbitre dans une querelle de parents ou dans un procès de famille, il est pour les plus forts, je veux dire pour les plus riches, et il ne se persuade point que celui ou celle qui a beaucoup de bien puisse avoir tort. S'il se trouve bien d'un homme opulent, à qui il a su imposer, dont il est le parasite et dont il peut tirer de grands secours, il ne cajole point sa femme, il ne lui fait du moins ni avance ni déclaration ; il s'enfuira, il lui laissera son manteau, s'il n'est aussi sûr d'elle que de lui-même. Il est encore plus éloigné d'employer pour la flatter et pour la séduire le jargon de la dévotion ; ce n'est point par habitude qu'il le parle, mais avec dessein, et selon qu'il lui est utile, et jamais quand il ne servirait qu'à le rendre très ridicule.

La Bruyère,
les Caractères, « De la mode »,
remarque 24, 1688-1696.

L'hypocrisie : fléau ou ciment social ?

L'opuscule qui fit connaître J.-J. Rousseau, le *Discours sur les sciences et les arts* (1750), remporta un succès de scandale, car l'auteur y défendait, en plein siècle des Lumières, la thèse que les progrès des sciences et des arts avaient abouti à la corruption des mœurs. Le roi de Pologne répliqua par une apologie de la civilisation et de la politesse souvent hypocrite qui couvre de belles apparences la brutalité des mœurs primitives. Voici la réponse de Rousseau.

Plutôt que de passer condamnation sur le mal que je pense de notre vaine et fausse politesse, il [= le roi de Pologne] aime mieux excuser l'hypocrisie. Il me demande si je voudrais que le vice se montrât à découvert. Assurément je le voudrais : la confiance et l'estime renaîtraient entre les bons, on apprendrait à se défier des méchants, et la société en serait plus sûre. J'aime mieux que mon ennemi m'attaque à force ouverte, que de venir en trahison me frapper par derrière. Quoi donc ! faudra-t-il joindre le scandale au crime ? Je ne sais, mais je voudrais bien qu'on n'y joignît pas la fourberie. C'est une chose très commode pour les vicieux que toutes les maximes qu'on nous débite depuis longtemps sur le scandale. Si on les voulait suivre à la rigueur, il faudrait se laisser piller, trahir, tuer impunément, et ne jamais punir personne : car c'est un objet très scandaleux qu'un scélérat sur la roue. Mais l'hypocrisie est un hommage que le vice rend à la vertu. Oui, comme celui des assassins de César, qui se prosternaient à ses pieds pour l'égorger plus sûrement. Cette période a beau être brillante, elle a beau être autorisée du nom célèbre de son auteur (La Rochefoucauld), elle n'en est pas plus juste. Dira-t-on jamais d'un filou qui prend la livrée d'une maison pour faire son coup plus commodément, qu'il rend hommage au maître de la maison qu'il vole ? Non : couvrir sa méchanceté du dangereux manteau de l'hypocrisie, ce n'est point honorer la vertu, c'est l'outrager en profanant ses enseignes ; c'est ajouter la lâcheté et la fourberie à tous les autres vices ; c'est se fermer pour jamais tout retour vers la probité. Il y a des caractères élevés qui portent jusque dans le crime je ne sais quoi de fier et de généreux qui laisse voir au-dedans encore quelque étincelle de ce feu céleste fait pour animer les belles âmes. Mais l'âme vile et rampante de l'hypocrite est semblable à un cadavre où l'on ne trouve plus ni feu, ni chaleur, ni ressource à la vie. J'en appelle à l'expérience. On a vu de grands scélérats rentrer en eux-mêmes, achever saintement leur carrière et mourir en prédestinés ; mais ce que personne n'a jamais vu, c'est un hypocrite devenir homme de bien : on aurait pu raisonnablement tenter la conversion de Cartouche, jamais un homme sage n'eût entrepris celle de Cromwell.

Jean-Jacques Rousseau,
Réponse au roi de Pologne, 1751.

Dans son célèbre roman *le Rouge et le Noir* (1830), Stendhal peint de façon sarcastique la société bien-pensante de la Restauration. À une époque où la gloire militaire — symbolisée par le rouge — est morte avec Napoléon, c'est sur l'état ecclésiastique (symbolisé par le noir) que compte le jeune Julien Sorel pour faire fortune. Sa vocation feinte le met en position d'hypocrite, comme le comprend fort bien l'abbé Chélan quand Julien refuse d'épouser une simple femme de chambre, Élisa.

Cette fille fit un héritage, alla se confesser au curé Chélan et lui avoua le projet d'épouser Julien. Le curé eut une véritable joie du bonheur de son ami ; mais sa surprise fut extrême quand Julien lui dit d'un air résolu que l'offre de Mlle Élisa ne pouvait lui convenir.

— Prenez garde, mon enfant, à ce qui se passe dans votre cœur, dit le curé fronçant le sourcil ; je vous félicite de votre vocation, si c'est à elle seule que vous devez le mépris d'une fortune plus que suffisante. Il y a cinquante-six ans sonnés que je suis curé de Verrières, et cependant, suivant toute apparence, je vais être destitué. Ceci m'afflige, et toutefois j'ai huit cents livres de rente. Je vous fait part de ce détail afin que vous ne vous fassiez pas d'illusion sur ce qui vous attend dans l'état de prêtre. Si vous songez à faire la cour aux hommes qui ont la puissance, votre perte éternelle est assurée. Vous pourrez faire fortune, mais il faudra nuire aux misérables, flatter le sous-préfet, le maire, l'homme considéré, et servir ses passions : cette conduite, qui dans le monde s'appelle savoir-vivre, peut, pour un laïque, n'être pas absolument incompatible avec le salut ; mais, dans notre état, il faut opter ; il s'agit de faire fortune dans ce monde ou dans l'autre, il n'y a pas de milieu. Allez, mon cher ami, réfléchissez et revenez dans trois jours me rendre une réponse définitive.

J'entrevois avec peine, au fond de votre caractère, une ardeur sombre qui ne m'annonce pas la modération et la parfaite abnégation des avantages terrestres nécessaires à un prêtre ; j'augure bien de votre esprit ; mais, permettez-moi de vous le dire, ajouta le bon curé, les larmes aux yeux, dans l'état de prêtre, je tremblerai pour votre salut.

Julien avait honte de son émotion ; pour la première fois de sa vie, il se voyait aimé ; il pleurait avec délices, et alla cacher ses larmes dans les grands bois au-dessus de Verrières.

Pourquoi l'état où je me trouve ? se dit-il enfin ; je sens que je donnerais cent fois ma vie pour ce bon curé Chélan, et cependant il vient de me prouver que je ne suis qu'un sot. C'est lui surtout qu'il m'importe de tromper, et il me devine. Cette ardeur secrète dont il me parle, c'est mon projet de faire fortune. Il me croit indigne d'être prêtre, et cela précisément quand je me figurais que le sacrifice de cinquante louis de rente allait lui donner la plus haute idée de ma piété et de ma vocation.

À l'avenir, continua Julien, je ne compterai que sur les parties de mon caractère que j'aurai éprouvées. Qui m'eût dit que je trouverais du plaisir à répandre des larmes ! que j'aimerais celui qui me prouve que je ne suis qu'un sot !

Trois jours après, Julien avait trouvé le prétexte dont il eût dû se munir dès le premier jour ; ce prétexte était une calomnie, mais qu'importe ? Il avoua au curé, avec beaucoup d'hésitation, qu'une raison qu'il ne pouvait lui expliquer, parce qu'elle nuirait à un tiers, l'avait détourné tout d'abord de l'union projetée. C'était accuser la conduite d'Élisa. M. Chélan trouva dans ses manières un certain feu tout mondain, bien différent de celui qui eût dû animer un jeune lévite (= un candidat à la prêtrise).

— Mon ami, lui dit-il encore, soyez un bon bourgeois de campagne, estimable et instruit, plutôt qu'un prêtre sans vocation.

Julien répondit à ces nouvelles remontrances, fort bien, quant aux paroles : il trouvait les mots qu'eût employés un jeune séminariste fervent ; mais le ton dont il les prononçait, mais le feu mal caché qui éclatait dans ses yeux alarmaient M. Chélan.

Il ne faut pas trop mal augurer de Julien ; il inventait correctement les paroles d'une hypocrisie cauteleuse et prudente. Ce n'est pas mal à son âge. Quant au ton et aux gestes, il vivait avec des campagnards ; il avait été privé de la vue des grands modèles. Par la suite, à peine lui eut-il été donné d'approcher de ces messieurs, qu'il fut admirable pour les gestes comme pour les paroles.

Stendhal,
le Rouge et le Noir, livre I, chap. 8.

Les textes qu'on vient de présenter ouvrent toute une problématique. Leur éventail montre que l'hypocrisie est de tous les siècles et qu'elle n'est pas l'apanage d'une civilisation. Peut-être même, comme le suggère la discussion autour du *Discours sur les sciences et les arts* de Rousseau, représente-t-elle un effet pervers induit par toute civilisation : l'organisation d'une communauté humaine suppose, d'une part, que soient refoulées ou dissimulées les tendances égoïstes de l'individu ; elle repose, d'autre part, sur des valeurs dont il sera toujours profitable à certains d'imiter les manifestations extérieures. Au demeurant, l'hypocrisie se montre sous des jours et des formes très variables. Il faut distinguer des degrés dans l'imposture, des différences entre l'hypocrite d'occasion et l'hypocrite de

171

métier, entre celui qui est trompeur par nature (Renart) et celui qui se force à le devenir pour faire son chemin dans une société elle-même hypocrite (c'est le cas de Julien Sorel). L'hypocrite tantôt met les rieurs de son côté (Renart), tantôt apparaît au contraire inquiétant (Julien Sorel, Blaise Coûture), voire odieux (Onuphre).

Les textes ici rassemblés tournent tous autour de l'hypocrisie en matière religieuse, parce que les civilisations sont pratiquement toutes fondées sur une conception religieuse de la vie. Cette affirmation paraît moins valable pour notre monde contemporain, et l'on ne voit guère l'intérêt matériel ou social qu'il y aurait à contrefaire aujourd'hui la piété. Mais l'ère de l'hypocrisie n'est pas close : simplement, son domaine est appelé à se déplacer, car il est comme l'ombre portée des valeurs qui tour à tour dominent les sociétés.

Index des thèmes
de l'œuvre

Apparence : vers 336, 610, 1097, 1317, 1593, 1622, 1679-1680.

Biens matériels : v. 63-64, 265, 291-298, 482-494, 855-856, 1175-1178, 1233-1258, 1294-1298, 1557-1558, 1567-1569, 1582-1583, 1594-1596, 1603, 1648, 1655-1656, 1745-1757, 1779-1796, 1817-1820, 1893-1896, 1935-1936.

Cabale : v. 397, 479, 831, 995, 1705-1706.

Ciel : v. 53, 78, 81, 119, 147, 286, 299, 324, 376, 402, 420, 423, 516, 529, 854, 879, 901, 931, 936, 1023, 1044, 1079, 1142, 1182, 1207, 1219, 1224, 1227, 1230, 1232, 1248, 1259, 1279, 1284, 1333, 1480, 1481, 1484, 1487, 1563, 1733, 1743, 1809, 1857, 1868, 1870, 1945.

Colère : v. 42, 58-60, 77, 177-178, 377, 471, 478, 552, 580-584, 679 ; acte III, sc. 1 ; v. 1039 ; acte III, sc. 6 ; v. 1149-1151, 1323-1336, 1607-1610, 1639-1641, 1694, 1797-1802, 1864-1866, 1947-1948.

Folie : v. 44, 165, 195, 311, 475, 753-754, 771, 773, 781, 787.

Franchise : v. 39, 261, 707, 1017, 1179, 1186-1187, 1197, 1962.

Honnêteté : v. 37-38, 81, 694, 1265, 1765, 1874.

Hypocrisie : v. 21-24, 70, 121-140, 199-201, 325-338, 353-407, 1026, 1089-1090, 1133, 1374, 1586-1592, 1601-1603, 1611-1620, 1835, 1845. Tartuffe apparaît en : acte III, sc. 2, 3, 4, 5, 6, 7 ; acte IV, sc. 1, 5 et 7 ; acte V, sc. 7. Monsieur Loyal en : acte V, sc. 4.

Jalousie : v. 84, 301-304, 907-911, 1169-1174, 1401-1404.

Libertin, libertinage : v. 314-322, 524, 1621.

Médisance : v. 71, 93-120, 135-138, 155-156, 202, 1185-1186, 1670, 1673-1674.

Péché : v. 77, 207-210, 306-310, 399-400, 581, 1062, 1074-1086, 1094-1106, 1243-1246, 1479-1492, 1502-1506, 1517-1520, 1671-1672.

Politique : v. 181-182, 1829-1844 ; acte V, sc. 7.

Salut : v. 149, 912, 948, 1820.

Zèle : v. 305, 358, 360, 373, 401, 406, 891, 910, 914, 1214, 1257, 1612, 1626, 1645, 1690, 1777, 1888, 1914.

Annexes

Les sources du *Tartuffe*, p. 176

État du texte, p. 179

Principes de la direction
de conscience, p. 180

Péripéties du genre comique, p. 181

Le style du *Tartuffe*, p. 184

Le Tartuffe et les critiques, p. 186

Avant ou après la lecture, p. 193

Bibliographie, discographie,
filmographie, p. 195

Les sources du *Tartuffe*

Les sources livresques

Écritures et textes d'inspiration religieuse

Elles appartiennent à la littérature sacrée et à la littérature profane. Comme il est normal dans une pièce traitant de l'hypocrisie en matière de religion, on trouve plusieurs allusions à l'Écriture sainte et à des ouvrages de piété. On reconnaît des échos manifestement déformés de saint Paul et du Christ dans les leçons données à Orgon par Tartuffe. Ainsi les vers 273-279 rappellent l'*Épître aux Philippiens* : « j'estime tout comme du fumier afin de gagner le Christ » (III, 8), et l'*Évangile selon saint Luc* : « si quelqu'un vient à moi sans haïr son père, sa mère, sa femme, ses enfants, ses frères, ses sœurs et même sa propre vie, il ne peut être mon disciple » (XIV, 26). L'expression « haïr son père » est un hébraïsme qui signifie hyperboliquement « aimer (le Christ) plus que son père », et ne saurait à l'évidence être interprétée comme un commandement d'indifférence ou de détestation dans le contexte d'une religion qui proclame : « Aimez-vous les uns les autres. » L'anecdote qui montre Tartuffe s'accusant « d'avoir pris une puce en faisant sa prière, et de l'avoir tuée avec trop de colère » (vers 309-310) est empruntée à la *Légende dorée* de Voragine, où elle s'applique à saint Macaire le Jeune. Enfin, dans sa première entrevue avec Elmire, Tartuffe se souvient du *De ascensione mentis in Deum per scalas rerum creatarum* (1615) de Bellarmin pour prouver que la beauté des créatures est un moyen de parvenir à l'adoration du Créateur.

Les *Provinciales* (1656-1657) de Pascal reprochent aux casuistes jésuites diverses méthodes pour pallier la gravité des péchés commis. Trois d'entre elles ont un écho dans *le Tartuffe*. La méthode des « équivoques » (IVe et Ve *Provinciales*) est employée par Tartuffe en III, 6 lorsqu'il s'accuse globalement d'être

« un coupable » (vers 1074) au lieu de répondre sur sa culpabilité ponctuelle dans l'acte précis qui lui est reproché. On voit mise en œuvre la méthode de « la direction d'intention » — qui « consiste à se proposer pour fin de ses actions un objet permis » (VIIe *Provinciale*) — en IV, 1 : Tartuffe a accepté de recevoir l'héritage dû à Damis parce qu'il craignait « que tout ce bien ne tombe en de méchantes mains » (vers 1244). La captation est justifiée par le bon usage que Tartuffe prétend faire de l'argent détourné. En troisième lieu, Orgon a appris de Tartuffe la restriction mentale — décrite dans la IXe *Provinciale*. Cette méthode permet de « faire des serments contre la vérité » (vers 1592) : Orgon pourra jurer aux enquêteurs qu'il n'a pas la cassette d'Argas, en sous-entendant qu'il l'a donnée à Tartuffe.

Quelques modèles de littérature profane
Dans le domaine des lettres purement profanes, trois sources semblent indéniables. La XIIIe des *Satires* (1612) de Régnier met en scène une sœur de Tartuffe, la Macette, qui cache sous le manteau de la dévotion son trafic d'entremetteuse : « le péché que l'on cache est demi-pardonné ». Dans *les Pharisiens du temps, ou le Dévot hypocrite*, Garaby de La Luzerne présente un « proto-Tartuffe » qui déjà appartient à une cabale et pratique la direction d'intention. Tartuffe enfin a un proche parent dans le Montufar de la nouvelle de Scarron intitulée *les Hypocrites* (1655). Montufar, Hélène et Mendez sont trois fripons qui, par leurs aumônes ostentatoires, exploitent la crédulité des bonnes gens de Séville. Le jour où un gentilhomme se hasarde à frapper Montufar, il est malmené par la foule que l'hypocrite tente de retenir avec des protestations d'humilité : préfiguration de la scène où Tartuffe prend la défense de son accusateur, Damis (III, 6).

Les sources historiques

Un modèle collectif de dévots excessifs ou hypocrites lui est fourni par la Compagnie du Saint-Sacrement. Cette société fondée en 1627 avait accompli au XVIIe siècle une œuvre d'assistance publique considérable, notamment auprès des mendiants et des prisonniers, mais son organisation semi-clandestine et ses pressions sur le pouvoir pouvaient aisément la faire regarder comme une cabale : il faut bien croire que la Compagnie s'est sentie visée par *le Tartuffe* puisqu'elle a fait tous ses efforts pour en empêcher, de 1664 à 1669, la représentation. Parmi les modèles individuels qui pourraient servir de clefs au personnage de Tartuffe, citons : l'abbé de Roquette que Molière aurait connu chez le prince de Conti avant qu'il ne devînt évêque d'Autun (voir *Lettres* de Mme de Sévigné des 24 avril 1672, 3 septembre 1677 et 12 avril 1680) ; l'abbé de Pons : parti de rien, il finit par se trouver à la tête de six mille livres de rentes et fréquentait chez Ninon de Lenclos (voir Tallemant des Réaux, *Historiettes*, éd. Pléiade, t. II, pp. 448-449) ; Charpy, abbé de Sainte-Croix : ce parasite à réputation de piété « s'impatronise » chez une veuve, tombe amoureux de sa fille et chasse les visites avec l'aide complaisante du mari (voir Tallemant, *Historiettes*, t. II, p. 859).

L'origine du nom de « Tartuffe ».

Il n'a pas été inventé par Molière, même si celui-ci lui a donné ses lettres de noblesse. On trouve en effet dans le *Mastigophore* de Fuzy, en 1609, la phrase : « Tu n'es qu'un tartuffe, un butor, une happelourde [c'est-à-dire une pierre fausse]. » « Tartuffe » est un décalque de l'italien *tartufo*, qui désigne la truffe. À ce sens propre, dérivé du latin *terrae tuber* (« tubercule de terre »), s'ajoute — soit par ressemblance phonétique, soit par communauté d'origine avec le bas latin *trufa* (« fraude ») — le sens figuré de « fourbe ». On trouve d'ailleurs dans la langue française du XVIe siècle le mot « truffe » avec le sens de tromperie, et Rabelais emploie le verbe « trupher » pour dire « se moquer de » : « Halas, halas ! mon amy, nostre voisin, comment vous sçavez bien trupher des paouvres gens ! » (*Quart Livre*, chap. VI).

Entre la truffe-champignon et la truffe-tromperie n'y a-t-il pas cette parenté de sens que la première est un parasite qui s'engraisse souterrainement aux dépens des racines du chêne ?

Au demeurant, la sonorité feutrée de la syllabe « uf » évoque si facilement l'idée de ruse qu'on la retrouve dans le nom des hypocrites imaginés par Scarron (Montufar) et par La Bruyère (Onuphre).

État du texte

La version définitive du *Tartuffe* parue le 23 mars 1669 a été reprise, après la mort de Molière, dans l'édition de ses *Œuvres* en 1682. Cette édition nous apprend que les vers 1772-1800, 1909, 1916, 1919-1932 étaient omis à la représentation. Point de variantes, si l'on excepte la tradition — attestée seulement au XVIIIe siècle — selon laquelle le vers 1142 (« Ô Ciel ! pardonne-lui la douleur qu'il me donne ! ») se présentait à l'origine sous la forme : « Ô Ciel ! pardonne-lui comme je lui pardonne » ; dans son *Sommaire du Tartuffe*, Voltaire cite une troisième version : « Ô Ciel ! pardonne-moi comme je lui pardonne. » La reprise d'une formule du *Notre Père* (« Pardonne-nous nos offenses comme nous pardonnons à ceux qui nous ont offensés ») dans la bouche de Tartuffe avait de quoi choquer le spectateur.

Le *Tartuffe* de 1669 est le seul dont nous possédions le texte. Celui de 1664 était en trois actes qui ne correspondent pas nécessairement aux trois premiers du *Tartuffe* définitif. Enfin, l'intrigue de *Panulphe*, connue seulement par l'anonyme *Lettre sur la comédie de l'Imposteur* (août 1667), ne révèle que des différences minimes avec celle de 1669 : signalons simplement que la tirade de Dorine (I, 1, vers 121-140) était en 1667 prononcée par Cléante.

179

Principes de la direction de conscience

À quel titre Tartuffe s'impose-t-il à Orgon ? Au titre de directeur de conscience. Dorine le dit aux vers 187-188 : « C'est de tous ses secrets l'unique confident, / Et de ses actions le *directeur* prudent. » Qu'est-ce que cette « direction » ? Quelle est son importance au XVIIᵉ siècle ?

La recherche de la perfection...

La direction de conscience est la conduite d'une personne par une autre dans la voie de la perfection. Elle suppose en l'homme, à côté de la vie physique et intellectuelle, l'existence d'une vie de l'âme, ou vie spirituelle, qu'il s'agit d'amener à son épanouissement. Cette pratique est de tous les temps et de tous les pays : dans la Grèce classique, Socrate était déjà un maître de vie intérieure et de réforme morale ; dans les religions orientales (hindouisme et bouddhisme), tout le monde connaît l'influence des gourous sur leurs disciples. Cependant, c'est à l'intérieur du catholicisme que la direction spirituelle a connu son plus grand développement, et tout particulièrement au XVIIᵉ siècle. Le modèle des directeurs du XVIIᵉ siècle est saint François de Sales, qui s'adresse ainsi au lecteur dans son *Introduction à la vie dévote* (1609) : « Voulez-vous à bon escient vous acheminer à la dévotion ? Cherchez quelque homme de bien qui vous guide et conduise ; c'est ici l'avertissement des avertissements. » Dans la ligne salésienne, il faut citer saint Vincent de Paul (1581-1660). Il y eut au moins deux autres grandes « écoles » de direction spirituelle au XVIIᵉ siècle : celle de l'Oratoire, avec Bérulle, Condren et Olier ; celle des Jésuites, avec les Pères Lallemant et Guilloré, ce dernier publiant en 1676 sa *Manière de conduire les âmes dans la vie spirituelle*. Des laïcs même pouvaient assumer cette tâche : l'exemple le plus connu est celui de Blaise Pascal, directeur de conscience de Mlle de Roannez.

... est semée d'embûches

Il y eut parfois des déviations, notamment des abus de pouvoir du directeur sur le dirigé ; la pièce de Molière en témoigne. C'est pour les prévenir que les auteurs religieux du temps insistent sur deux règles : tout d'abord, il faut choisir son directeur spirituel avec discernement (saint François de Sales : « choisissez-en un entre mille, dit Avila ; et moi je dis entre dix mille ») et ne pas suivre le premier venu ; en second lieu, il faut veiller à l'absence de tout attachement humain du dirigé à son directeur. C'est évidemment faute d'avoir observé ces conseils de prudence qu'Orgon est devenu la proie de Tartuffe.

Péripéties
du genre comique

Qu'est-ce qu'une comédie en France au XVIIᵉ siècle ? C'est une pièce qui ne se définit pas essentiellement par son caractère comique, mais par la condition sociale moyenne de ses personnages (à la différence de la tragédie, où les protagonistes sont des rois et de grands personnages) et par une intrigue inventée (celle de la tragédie est tirée de l'histoire ou de la légende) mettant en scène des événements d'intérêt privé.

Ce genre, qui avait connu un chef-d'œuvre au Moyen Âge avec *la Farce de Maître Pathelin* (vers 1464) et plusieurs pièces de bonne tenue au XVIᵉ siècle (*les Esprits* de Larivey, en 1579 ; *les Contents* de Turnèbe, en 1584), subit une éclipse pendant les trente premières années du XVIIᵉ siècle. La comédie renaît grâce à Corneille (*Mélite*, 1629 ; *la Galerie du Palais*, 1631-1632 ; *la Place Royale*, 1633-1634) et à Rotrou (*la Bague de l'oubli*, 1635, *les Deux Sosies*, 1638). De 1640 à 1660 règne la comédie d'intrigue, avec son cortège de péripéties, duels, substitutions d'enfants, travestissements, reconnaissances, avec aussi l'emprise croissante des règles classiques (respect des trois unités de lieu, de temps et d'action, respect de la vraisemblance et des bienséances).

Une nouvelle définition de la comédie

Autour de 1660, une nouvelle génération accède à la notoriété. À sa tête, Molière, qui triomphe avec *les Précieuses ridicules* en 1659 et donne sa première « grande comédie » en 1662 : *l'École des femmes*. L'intérêt passe de l'intrigue aux personnages, qui cessent d'être purement des types pour gagner en vérité psychologique et en réalisme social. Le personnage n'est plus une passion incarnée, mais un homme en proie à une passion : c'est la comédie de caractère, illustrée aussi par Donneau de Visé (*la Mère coquette*, 1665) ou Quinault (*Une mère coquette* concurrente la même année).

L'originalité de Molière est d'avoir réconcilié la comédie avec le comique et d'avoir, en se proposant de dénoncer sur scène les mœurs de ses contemporains, donné au genre une ambition idéologique et presque politique. On le voit bien avec *le Tartuffe* et la querelle suscitée par cette pièce : Molière a voulu attaquer des gens « plus puissants en France » que les précieuses ou les marquis, des gens dont le vice — l'hypocrisie — était « dans l'État d'une conséquence bien plus dangereuse que tous les autres » (Préface). S'en prendre au « parti » dévot, c'était toucher au parlement, à la cour, à la religion ; c'était obliger le roi à intervenir, dans la pièce comme dans la réalité : la comédie devenait une affaire d'État.

Une affaire de morale et de religion

Pendant le premier tiers du XVIIᵉ siècle, le ton le plus débridé régnait sur la scène : la représentation de la pièce principale était accompagnée d'un prologue comique et d'une farce où les plaisanteries grossières abondaient, de sorte que rares étaient les aristocrates, et plus rares encore les femmes, qui, à Paris, se risquaient au théâtre. Puis, sous l'influence notamment de Richelieu, la doctrine classique des bienséances s'imposa aux auteurs. L'évêque Godeau louait en 1654 l'effort de moralisation entrepris sur la scène :
« Une règle sévère en bannit la licence
Et rien ne blesse plus ni l'esprit, ni les yeux. »

Deux points importants restent cependant en litige à l'époque de Molière et expliquent la querelle du *Tartuffe*. D'une part, certains milieux proches de la Compagnie du Saint-Sacrement ou du jansénisme estiment que la représentation « honnête » et décente des passions ne fait que les rendre plus contagieuses dans la salle. C'est le sens de la *Pensée* 764 de Pascal (qui est en réalité de Mme de Sablé) : « Il n'y a point [de divertissement] qui soit plus à craindre que la comédie. C'est une représentation si naturelle et si délicate des passions qu'elle les émeut et les fait naître dans notre cœur, et surtout celle de l'amour ; principalement lorsqu'on le représente fort chaste et fort honnête. Car plus il paraît innocent aux âmes innocentes, plus elles sont capables d'en être touchées. »

La comédie est donc condamnée dans son principe même. D'autre part, la séparation des genres se double de la séparation du profane et du sacré : beaucoup sont choqués, au XVIIᵉ siècle, à l'idée que l'on puisse parler de la religion — même pour la glorifier — dans ce temple du divertissement mondain qu'est le théâtre. Une tragédie pourtant au-dessus de tout soupçon comme le *Polyeucte* de Corneille (1641-1642) a déplu aux doctes et aux dévots, et l'échec de sa *Théodore* (1646) va bannir de la scène française les pièces chrétiennes ou sacrées jusqu'à l'*Esther* de Racine, en 1689.

183

C'est aux uns et aux autres que répond Molière dans la Préface du *Tartuffe* : en ce qui concerne les passions, la nature humaine est telle qu'on ne peut les retrancher complètement — le mieux est donc de les « adoucir » par un spectacle qui les montre honnêtement satisfaites ; quant à la religion, loin d'être incompatible avec le théâtre, elle se situe à son origine, comme on le voit en Grèce et dans la tradition médiévale des mystères.

Le style du *Tartuffe*

Un bon texte dramatique est un compromis entre le dit et l'écrit. Il doit avoir la spontanéité de l'improvisation, puisque les personnages sont censés avoir une conversation réelle, et les effets littéraires d'une œuvre concertée.

Des parlers divers

Du côté de la vraisemblance et du naturel, on notera dans *le Tartuffe* la diversité des langages en fonction de la diversité des personnages : Mme Pernelle a des expressions tantôt vulgaires (« merci de ma vie », « jour de Dieu »), tantôt sentencieuses (V, 3) ; Dorine a le franc-parler de la servante ; Cléante parle le langage volontiers impersonnel de la raison ; Elmire celui de l'élégance mondaine ; Tartuffe a le ton onctueux et le vocabulaire technique du dévot professionnel. L'imitation du langage suppose aussi l'imitation de ses imperfections : c'est ainsi que l'on voit Orgon bafouiller ridiculement lorsqu'il tente de décrire Tartuffe (« C'est un homme... qui... ha ! un homme... un homme enfin », vers 272),

ou Elmire se lancer dans une cascade de « on » et de « que »
(IV, 5) dont la lourdeur traduit bien son embarras devant
Tartuffe.

Le comique de répétition

Du côté de la stylisation littéraire, on relèvera la fréquence
du recours aux formes répétitives. L'exemple le plus connu
est celui de la scène 4 de l'acte I, où Orgon s'inquiète de la
santé de son cher Tartuffe : quatre fois il interroge Dorine
(« Et Tartuffe ? ») et quatre fois il s'exclame, soulagé : « Le
pauvre homme ! » ; Dorine reprendra ironiquement cette
exclamation au cinquième acte (vers 1657) pour détendre par
le rire une atmosphère devenue angoissante. Effet d'écho
encore au début de l'acte II, dans le dialogue de sourds entre
Orgon et Mariane : « Eh ? / Eh ? », « Qu'est-ce ? / Plaît-il »,
« Quoi / Me suis-je méprise ? », « Comment ? / Qui ? » (vers
445-446). La scène du dépit amoureux (II, 4) est fondée tout
entière sur la symétrie verbale et gestuelle des deux rôles de
Mariane et de Valère (voir en particulier la stichomythie des
vers 699-703, les répliques équilibrées des vers 707-710 et
711-714, 815-816 et 817-818, etc.) : c'est un véritable ballet
de paroles qui montre que, dans leur désaccord même, les
amoureux jouent encore le même jeu.

Il est aisé, à partir de là, de voir comment le langage peut
avoir force comique. Il excite le rire ou le sourire : d'une
part, quand la répétition rend le personnage prévisible ; il
cesse alors d'être un vivant pour devenir une mécanique (la
réplique : « Et Tartuffe ? », dit Bergson, donne la sensation
« d'un ressort qui part ») ; d'autre part, quand les expressions
vagues et ambiguës s'adressent simultanément à deux interlocuteurs antagonistes (les « on » d'Elmire, aux vers 1507-
1519, sont destinés dans le même temps à Tartuffe et à son
mari dissimulé) ; enfin, quand un registre étranger vient
interférer dans le même discours avec le registre habituel d'un
personnage (Tartuffe parlant à la fois le langage galant et le
langage dévot).

Le *Tartuffe* et les critiques

La polémique du XVIIᵉ siècle

Les adversaires de Molière ne s'abandonnent pas toujours à l'imprécation. Rochemont et Bourdaloue posent un véritable problème : comment discerner, dans ce royaume de l'apparence qu'est le théâtre, le vrai dévot de celui qui n'a que les dehors de la dévotion ? Et comment éviter, dans ces conditions, que la religion ne soit pas compromise dans la critique qui est faite de sa parodie ?

L'hypocrite et le dévot ont une même apparence, ce n'est qu'une même chose dans le public ; il n'y a que l'intérieur qui les distingue ; et afin « de ne point laisser d'équivoque et d'ôter tout ce qui peut confondre le bien et le mal », il [Molière] devait faire voir ce que le dévot fait en secret, aussi bien que l'hypocrite. Le dévot jeûne, pendant que l'hypocrite fait bonne chère ; il se donne la discipline et mortifie ses sens, pendant que l'autre s'abandonne aux plaisirs et se plonge dans le vice.

Rochemont,
Observations sur... le Festin de Pierre (1665).

Comme la fausse [dévotion] et la vraie ont je ne sais combien d'actions qui leur sont communes ; comme les dehors de l'une et de l'autre sont presque tout semblables, il est non seulement aisé, mais d'une suite presque nécessaire, que la même raillerie qui attaque l'une intéresse l'autre. [...] Des esprits profanes et bien éloignés de vouloir entrer dans les intérêts de Dieu ont entrepris de censurer l'hypocrisie, non point pour en réformer l'abus, ce qui n'est point de leur ressort, mais pour en faire une espèce de diversion dont le libertinage pût profiter, en concevant et en faisant concevoir d'injustes soupçons de la vraie piété par de malignes représentations de la fausse.

Bourdaloue,
Sermon sur l'hypocrisie, 1691 (date supposée).

Les partisans de Molière soulignent au contraire la valeur morale de la pièce, et même sa valeur religieuse : loin d'être compromise par la proximité de l'hypocrisie, la vraie dévotion — celle du raisonnable Cléante — sort grandie de la confrontation :

Jamais il ne s'est frappé un plus rude coup contre tout ce qui s'appelle galanterie solide en termes honnêtes que cette pièce ; et si quelque chose est capable de mettre la fidélité des mariages à l'abri des artifices de ses corrupteurs, c'est assurément cette comédie, parce que les voies les plus ordinaires et les plus fortes par où on a continué d'attaquer les femmes y sont tournées en ridicule d'une manière si vive et si puissante qu'on paraîtrait sans doute ridicule quand on voudrait les employer après cela, et par conséquent on ne réussirait pas.

Lettre sur la comédie de l'Imposteur,
texte anonyme, 1667.

On vit, en riant à tous coups,
Ce Tartuffe, ou cet hypocrite,
Lequel, faisant la chatte-mitte,
Sous un masque de piété

Déguise sa malignité,
Et trompe ainsi, séduit, abuse
La simple, la dupe et la buse.
Ce molière, par son pinceau,
En a fait le parlant tableau,
Avec tant d'art, tant de justesse,
Et, bref, tant de délicatesse
Qu'il charme tous les vrais dévots
Comme il fait enrager les faux.

> Robinet,
> *Lettre en vers* (9 février 1669).

Je viens d'achever de lire *Tartuffe* ; c'est le chef-d'œuvre de Molière ; je ne sais comment on a pu empêcher si longtemps la représentation ; si je me sauve, je lui devrai mon salut. La dévotion est si raisonnable dans la bouche de Cléante qu'elle me fait renoncer à toute ma philosophie, et les faux dévots sont si bien dépeints que la honte de leur peinture les fera renoncer à l'hypocrisie.

> Saint-Évremond, *Lettre à M. d'Hervart* (1669).

Au XVIIIᵉ siècle, le scandale s'apaise

Tout le monde n'est pas convaincu de la sincérité religieuse de Molière, mais les « philosophes » (ils ont eu un précurseur en la personne de Saint-Évremond) et les chrétiens peuvent s'accorder sur la peinture qu'il fait en Cléante d'une dévotion tolérante. La critique la plus intéressante est celle de l'abbé de La Tour, qui trouve que Molière a manqué son but en donnant à Tartuffe des circonstances atténuantes.

On peut hardiment avancer que les discours de Cléante,

dans lesquels la vertu vraie et éclairée est opposée à la dévotion imbécile d'Orgon, sont, à quelques expressions près, le plus fort et le plus élégant sermon que nous ayons eu en notre langue.

Voltaire, *Sommaire du Tartuffe*, 1739.

On lui donne [à Tartuffe] la fille de la maison en mariage, mais ce n'est pas lui-même qui l'a demandée ; [...] on lui fait encore donation de tous les biens, et ce n'est pas lui non plus qui a rien demandé [...]. Tartuffe dans la suite est un ingrat qui veut dépouiller son bienfaiteur, mais c'est un homme poussé à bout par la perfidie la plus noire et de la personne qu'il aime, qui l'appelle et fait semblant de l'aimer pour le tenter et le perdre, et de celui qu'il a le mieux servi, qui l'estimait le plus, et qui par le plus bas artifice se rend complice de la trahison.

B. de La Tour, *Réflexions sur le théâtre*, 1763-1778.

Critique romantique et réaction catholique au XIXᵉ siècle

Sous l'influence du romantisme, pour lequel Molière est un génie sombre et grave, et d'une nouvelle génération de comédiens, celle de Molé et de Mlle Mars, la pièce est moins perçue comme une comédie et le personnage de Tartuffe perd en ridicule pour gagner en élégance :

On a fort peu ri ce soir au *Tartuffe* ; on a plusieurs fois souri et applaudi de plaisir, mais l'on n'a ri franchement qu'en deux endroits : premièrement, quand Orgon, parlant à sa fille Mariane de son mariage avec Tartuffe, découvre Dorine près de lui qui l'écoute ;

189

deuxièmement, dans la scène de brouille entre Valère et Mariane. Il reste donc constant pour moi, par mon expérience de ce soir, que l'on rit fort peu au *Tartuffe*.

Stendhal,
Lettre sur Tartuffe (soirée du 4 décembre 1822).

Il [Tartuffe] était, nous en sommes sûrs, fort propre sur soi, vêtu d'étoffes fines et chaudes, mais de nuances peu voyantes [...]. Ses façons étaient polies, obséquieuses, mesurées ; il avait l'air d'un homme du monde qui se retire du siècle et donne dans la dévotion, et non la mine de bedeau sournois et libidineux qu'on lui prête. Comment supposer qu'un homme si fin, si habile, si prudent, se laisse prendre au piège mal tendu par Elmire ?

Th. Gautier,
Œuvres de Molière (rééd. Moland, 1863-1864).

Un polémiste catholique comme Veuillot ne se satisfait pas de cette transformation, car Tartuffe demeure à ses yeux une caricature de croyant qu'aucun portrait de chrétien sympathique ne vient équilibrer :

Où sont donc les « dévots de cœur », les vrais gens de bien dont le contraste serait indispensable ? J'ai beau regarder : ni Périandre [vers 385], ni Polydore [vers 386], ni aucun de ces parangons de vertu ne se montrent ; ils restent dans la coulisse. Orgon tout seul avec Mme Pernelle, aussi folle que lui, demeure pour soutenir l'honneur du nom chrétien. Voilà où le dessein de Molière se découvre, où se déclare le parti pris de diffamer la piété.

L. Veuillot,
Molière et Bourdaloue (1877).

La critique moderne

Globalement, la critique contemporaine refuse de considérer le *Tartuffe* comme une machine de guerre contre la religion. Même si Molière ne vit qu'une version mondaine du christianisme, rien ne permet de le ranger au nombre des libertins, encore moins d'en faire un athée déguisé, ce qui serait en faire un second Tartuffe.

Le personnage de Cléante ne possède pas seulement la sagesse humaine. Il est également un dévot ; mais, à la différence de Tartuffe, il est un vrai dévot, et, à la différence d'Orgon, il est un dévot intelligent. Il pratique en effet des vertus chrétiennes, et pas seulement en paroles. Ces vertus sont la modération, la charité, le pardon des injures. [...] Il faut aussi remarquer que ces allusions à des vertus chrétiennes ne pouvaient pas, dans une œuvre théâtrale du XVIIe siècle, être poussées plus loin. [...] Le public classique estime en effet que les mystères de la religion doivent être respectés, au point de ne pas être traités par le théâtre. Si Cléante avait fait profession de christianisme plus clairement encore qu'il ne le fait dans le texte de Molière, le public ne l'aurait pas suivi et aurait trouvé son attitude choquante.

J. Scherer,
Structures de Tartuffe, Sedes, 1967.

Deux religions, logiquement peu compatibles, coexistent [au XVIIe siècle] : l'orthodoxe et la mondaine ; et l'opposition est d'autant plus frappante qu'une réforme religieuse et une renaissance mystique se produisent, tandis que d'autre part la religion s'humanise et se laïcise. Or de ces deux religions, la première dénonce l'impiété de la seconde — et c'est son rôle. Quant à la seconde, elle a généralement mauvaise conscience : le scandale de *Tartuffe* est que Molière, dans cette comédie, semble bien avoir tenté de lui donner bonne conscience, en accusant la première d'hypocrisie.

R. Picard,
De Racine au Parthénon, Gallimard, 1977.

Mais la critique moderne s'attache surtout aux données formelles de l'œuvre, dans deux directions — celle de l'esthétique et celle de la dramaturgie :

Un personnage en mutation, ou un personnage en état de déguisement, se donnant pour autre qu'il n'est : voilà le gibier habituel du théâtre baroque [...] Quand Molière crée Tartuffe, il utilise un personnage de souche baroque : celui qui se donne pour autre qu'il n'est ; mais il le dépouille de tout prestige baroque et il l'installe dans une pièce de structure classique ; organisée sur un centre unique, sa pièce supporterait mal le personnage multiple ; elle n'admettrait pas les transformations, à travers le temps représenté, qui est un faux temps, d'un personnage successif. Aussi fera-t-il la comédie, non pas de l'hypocrite jouant ses différents rôles, mais de l'hypocrite démasqué, de l'hypocrite qui cesse d'être hypocrite ; il le prend au moment où il pose son personnage.

J. Rousset,
la Littérature de l'âge baroque en France,
Corti, 1954.

En choisissant l'hypocrite comme centre d'une comédie, Molière a réussi, avec *Tartuffe*, à exprimer l'essence même du théâtre par les moyens du théâtre. L'hypocrite et sa dupe forment un couple dont chaque membre est le symétrique de l'autre. Trompeur et trompé permettent d'exploiter toutes les combinaisons possibles des quatre moments du jeu de la vérité dans les rapports humains : le mensonge, la sincérité, l'illusion, la connaissance. Ces combinaisons prennent tout leur sens si on les organise sur un fond de références : le monde des personnages qui ne sont ni trompeurs ni dupes et représentent une norme.

J. Guicharnaud,
Molière, une aventure théâtrale, Gallimard, 1963.

Avant ou après la lecture

Lectures et mises en scène

1. L'un des meilleurs exercices à faire sur une pièce de théâtre consiste évidemment à imaginer la mise en scène d'au moins un de ses épisodes.

2. Le découpage d'une pièce en cinq actes est arbitraire et ne correspond pas aux phases qui scandent réellement l'intrigue. Retrouver dans *le Tartuffe* ces « séquences dramatiques », sachant qu'elles se définissent par l'unité d'action (ou de péril) de l'épisode et secondairement par la présence centrale d'un personnage (ou d'un couple de personnages).

Exposés

1. La dénonciation de l'hypocrisie dans *le Tartuffe* et dans les *Provinciales* de Pascal.

2. Le thème politique dans *le Tartuffe*.

3. Comparer Tartuffe et Dom Juan hypocrite (acte V de *Dom Juan*).

4. Comparer le Tartuffe de Molière et l'Onuphre de La Bruyère (voir p. 165).

Dissertations

1. Expliquez et discutez cette maxime de La Rochefoucauld : « L'hypocrisie est un hommage que le vice rend à la vertu. »

2. Le dénouement du *Tartuffe* a souvent été critiqué : montrez qu'il se justifie du point de vue dramatique comme du point de vue idéologique.

3. Dans cette pièce « classique » entre toutes, mettez en évidence les aspects que l'on peut qualifier de baroques.

4. *Le Tartuffe* est-il une pièce comique ?

5. Quel est le rôle de l'amour-propre dans *le Tartuffe* ?

6. Appliquez au *Tartuffe* cette opinion de Brunetière (1849-1906) sur le style de Molière : « Les défauts de style de Molière ne sont pas seulement le revers ou la rançon de ses qualités, ils en sont la condition même. Il eût écrit moins bien, s'il avait mieux écrit. »

7. Le personnage d'Orgon répond-il à cette définition de J. Guicharnaud : « Le personnage moliéresque, solidement bâti, est une fois pour toutes ce qu'il est » ?

8. Que pensez-vous de cette affirmation d'un critique du début du XXᵉ siècle, Rigal : « Tartuffe n'est un faux dévot qu'en ce qu'il ne dirige pas sa vie d'après ses croyances » ?

9. Quel sens ultime donnez-vous à la pièce : celui d'une critique de l'hypocrisie, d'une critique du fanatisme ou d'une critique de la religion elle-même ?

Bibliographie, discographie, filmographie

Édition :
L'édition de référence est celle de G. Couton : *Molière, Œuvres complètes*, 2 vol., Gallimard, coll. « La Pléiade », 1983.
Le Tartuffe est dans le tome 1.

Ouvrages généraux
P. Bénichou, *Morales du grand siècle*, Gallimard, coll. « Folio essais », 1948.
R. Bray, *Molière homme de théâtre*, Mercure de France, 1954 ; nouvelle éd. 1963.
J. P. Collinet, *Lectures de Molière*, A. Colin, coll. « U2 », 1974.
G. Conesa, *le Dialogue moliéresque*, P.U.F., 1983.
G. Defaux, *Molière, ou les métamorphoses du comique*, Lexington, French Forum Publishers, 1980.
R. Jasinski, *Molière*, Hatier, coll. « Connaissance des lettres », 1969.
P. Larthomas, *le Langage dramatique*, P.U.F., 1980.
J. Truchet, *la Thématique de Molière*, Sedes, 1985.
Urbain et Levesque, *l'Église et le théâtre*, Grasset, 1930.
P. Voltz, *la Comédie*, A. Colin, coll. « U », 1964.

Sur *le Tartuffe*
G. Ferreyrolles, *Tartuffe*, P.U.F., coll. « Études littéraires », 1987.
J. Guicharnaud, *Molière, une aventure théâtrale*, Gallimard, coll. « Bibliothèque des idées », 1963 ; 2ᵉ éd. 1984. La première partie est entièrement consacrée au *Tartuffe*.
J. Scherer, *Structures de Tartuffe*, Sedes, 1967.

Écouter *le Tartuffe*

En 1979, France-Culture a enregistré l'interprétation de la pièce par la Comédie-Française, mise en scène par J.-P. Roussillon (2 cassettes).

Voir *le Tartuffe*

Une adaptation très libre du *Tartuffe* a été tournée en 1928 (film muet) par le réalisateur allemand Friedrich Murnau.

La télévision passe assez régulièrement l'enregistrement du *Tartuffe* joué par la Comédie-Française en 1968 (mise en scène par J. Charon, avec R. Hirsch dans le rôle de Tartuffe et C. Winter dans celui d'Elmire).

Gérard Depardieu (qui y incarne Tartuffe) a filmé la mise en scène réalisée par Jacques Lassalle en 1984 pour le Théâtre national de Strasbourg.

Petit dictionnaire
pour comprendre *le Tartuffe*

baroque *(adj. qual.)* : se dit de la littérature française sous Henri IV et Louis XIII, caractérisée (à la différence du classicisme) par une grande liberté d'expression, la primauté donnée au mouvement et à la diversité sur la stabilité et l'unité.

bienséances *(nom fém. pl.)* : ce qui, dans une œuvre, correspond au goût et à la morale de l'époque.

casuistique *(nom fém.)* : partie de la morale qui traite des cas de conscience. Un casuiste est un professionnel de la casuistique.

classicisme *(nom masc.)* : époque de la littérature française comprise — au sens strict — entre 1660 et 1680, mais qui peut être prolongée jusqu'à la fin du XVIIe siècle. Le classicisme se caractérise par la recherche de la clarté et de l'universalité, la discipline de l'imagination et de la sensibilité par la raison, la libre soumission enfin aux règles qui régissent les différents genres.

dénouement *(nom masc.)* : partie de la pièce de théâtre qui comprend l'élimination du dernier obstacle.

didascalie *(nom fém.)* : indication de mise en scène portée au fil du texte par l'auteur d'une pièce.

dramaturgie *(nom fém.)* : technique propre à l'écrivain de théâtre.

équivoque *(nom fém.)* : se dit d'un terme ou d'un discours qui peuvent être interprétés en des sens différents.

exposition *(nom fém.)* : partie de la pièce de théâtre qui fait connaître au spectateur tous les faits nécessaires à la compréhension de la situation de départ.

farce *(nom fém.)* : courte pièce populaire très simple où dominent les jeux de scène.

genre littéraire : catégorie d'œuvres, définie par le sujet, le ton, le style. Ex. : la comédie est un genre dramatique.

honnête homme : au XVIIe siècle, homme de bonne compagnie, distingué par les manières comme par l'esprit. L' « honnêteté » est l'idéal social du XVIIe siècle.

intrigue *(nom fém.)* : succession de faits et d'actions qui laissent le spectateur en suspens sur le dénouement qu'amènera l'auteur.

ironie *(nom fém.)* : manière de se moquer de quelqu'un ou de quelque chose en disant le contraire de ce qu'on veut faire comprendre.

jésuite *(nom masc.)* : membre de la Compagnie de Jésus, fondée par Ignace de Loyola au XVIe siècle. Au XVIIe siècle, Pascal a accusé les Jésuites de pratiquer une casuistique laxiste (trop indulgente aux pécheurs).

laïque *(adj. qual.)* : qui ne fait pas partie du clergé.

libertin *(adj.)* : « se dit, à l'égard de la religion, de ceux qui n'ont pas assez de vénération pour ses mystères ou d'obéissance à ses commandements » (Furetière, 1690).

maxime *(nom fém.)* : pensée énonçant une règle de conduite. En littérature, formule exprimant avec force et brièveté une vérité qui se veut définitive. Ex. : les *Maximes* de La Rochefoucauld.

monologue *(nom masc.)* : discours d'un personnage qui parle tout seul.

mortification *(nom fém.)* : privation, souffrance, humiliation qu'on s'impose dans une intention spirituelle ou morale.

mystère *(nom masc.)* : en littérature, genre dramatique du Moyen Âge mettant en scène un sujet religieux, spécialement la Passion du Christ.

mysticisme *(nom masc.)* : recherche d'un état de communication directe avec Dieu.

orthodoxie *(nom fém.)* : doctrine officiellement enseignée par l'Église.

parangon *(nom masc.)* : modèle (emploi souvent ironique).

parodie *(nom fém.)* : imitation satirique d'une œuvre ou d'une action sérieuses.

pharisien *(nom masc.)* : membre d'une secte juive particulièrement stricte qui existait au début de l'ère chrétienne ; le mot est devenu synonyme d'hypocrite.

polémique *(nom fém.)* : débat par écrit, vif ou agressif.

restriction mentale : acte par lequel on donne à ses paroles un sens différent de celui que l'interlocuteur va leur donner, pour le tromper.

sarcasme *(nom masc.)* : raillerie mordante.

scène *(nom fém.)* : partie du théâtre où jouent les acteurs, et subdivision de l'acte, déterminée par l'entrée ou la sortie d'un personnage.

stichomythie *(nom fém.)* : dialogue où les personnages se répondent vers pour vers.

styliser *(verbe trans.)* : représenter avec le souci du style, de la forme.

tirade *(nom fém.)* : longue suite de phrases ou de vers récitée sans interruption par un personnage de théâtre.

type *(nom masc.)* : au théâtre, personnage caractérisé par les mêmes traits psychologiques et physiques dans les pièces différentes où il apparaît.

unités *(nom fém. pl.)* : la doctrine classique exige : premièrement, qu'une pièce de théâtre ne comporte qu'une action principale, à laquelle toutes les autres viennent se subordonner *(unité d'action)* ; deuxièmement, que cette action se déroule dans le lieu unique et précis représenté par le décor *(unité de lieu)* ; troisièmement, que sa durée ne dépasse pas vingt-quatre heures *(unité de temps)*.

Conception éditoriale : Noëlle Degoud.
Coordination éditoriale : Emmanuelle Fillion.
Collaboration rédactionnelle : Denis A. Canal.
Coordination de fabrication : Marlène Delbeken, Martine Toudert.
Schéma p. 6 : Thierry Chauchat.
Documentation iconographique : Nicole Laguigné.

Sources des illustrations
Roger-Viollet : p. 8, 14.
Larousse : p. 31, 155.
Kipa-P. Guid : p. 55.
Kipa : p. 84, 127.
Brigitte Enguérand : p. 88.
Agence de Presse Bernand : p. 91, 120.
Lipnitzki-Viollet : p. 106, 146.
Jean-Loup Charmet : p. 130.

COMPOSITION SCP BORDEAUX.
IMPRIMERIE HÉRISSEY. - 27000 ÉVREUX
Dépôt légal : Janvier 1990 - Nº 49652 - Nº de série Éditeur : 15365.
IMPRIMÉ EN FRANCE *(Printed in France)* - 871315 - Janvier 1990.

35   Mais enfin, si j'étais de[1] mon fils, son époux,
      Je vous prierais bien fort de n'entrer point chez nous.
      Sans cesse vous prêchez des maximes de vivre
      Qui par d'honnêtes gens ne se doivent point suivre.
      Je vous parle un peu franc ; mais c'est là mon humeur,
40   Et je ne mâche point ce que j'ai sur le cœur.

DAMIS

Votre Monsieur Tartuffe est bienheureux sans doute...

MADAME PERNELLE

C'est un homme de bien, qu'il faut que l'on écoute ;
Et je ne puis souffrir sans me mettre en courroux
De le voir querellé par un fou comme vous.

DAMIS

45   Quoi ? je souffrirai, moi, qu'un cagot de critique[2]
      Vienne usurper céans[3] un pouvoir tyrannique,
      Et que nous ne puissions à rien nous divertir,
      Si ce beau monsieur-là n'y daigne consentir ?

les mots politiques.

DORINE

S'il le faut écouter et croire à ses maximes,
50   On ne peut faire rien qu'on ne fasse des crimes ;
      Car il contrôle tout, ce critique zélé.

MADAME PERNELLE

Et tout ce qu'il contrôle est fort bien contrôlé.
C'est au chemin du Ciel qu'il prétend vous conduire,
Et mon fils à l'aimer vous devrait tous induire[4].

DAMIS

55   Non, voyez-vous, ma mère[5], il n'est père ni rien
      Qui me puisse obliger à lui vouloir du bien :
      Je trahirais mon cœur de parler d'autre sorte ;

---

1. *De :* à la place de.
2. *Cagot de critique :* un critique hypocrite, faux dévot.
3. *Céans :* ici.
4. *Induire :* amener.
5. *Ma mère :* Damis s'adresse à sa grand-mère.

35

Sur ses façons de faire à tous coups je m'emporte ;
J'en prévois une suite, et qu'avec ce pied plat[1]
60 Il faudra que j'en vienne à quelque grand éclat.

DORINE

Certes, c'est une chose aussi qui scandalise,
De voir qu'un inconnu céans s'impatronise[2]
Qu'un gueux qui, quand il vint, n'avait pas de souliers
Et dont l'habit entier valait bien six deniers,
65 En vienne jusque-là que de se méconnaître,
De contrarier tout, et de faire le maître.

MADAME PERNELLE

Hé ! merci de ma vie[3] ! il en irait bien mieux,
Si tout se gouvernait par ses ordres pieux.

DORINE

Il passe pour un saint dans votre fantaisie :
70 Tout son fait[4], croyez-moi, n'est rien qu'hypocrisie.

MADAME PERNELLE

Voyez la langue !

DORINE

À lui, non plus qu'à son Laurent,
Je ne me fierais, moi, que sur un bon garant.

MADAME PERNELLE

J'ignore ce qu'au fond le serviteur peut être ;
Mais pour homme de bien, je garantis le maître.
75 Vous ne lui voulez mal et ne le rebutez
Qu'à cause qu'il vous dit à tous vos vérités.
C'est contre le péché que son cœur se courrouce,
Et l'intérêt du Ciel est tout ce qui le pousse.

---

1. *Pied plat* : homme du commun portant des souliers sans haut talon, contrairement aux gens de qualité.
2. *S'impatronise* : s'impose comme maître.
3. *Merci de ma vie* : Dieu merci (populaire).
4. *Son fait* : son attitude.

DORINE

Oui ; mais pourquoi, surtout depuis un certain temps,
80 Ne saurait-il souffrir qu'aucun hante céans ?
En quoi blesse le Ciel une visite honnête,
Pour en faire un vacarme à nous rompre la tête ?
Veut-on que là-dessus je m'explique entre nous ?
Je crois que de Madame il est, ma foi, jaloux.

MADAME PERNELLE

85 Taisez-vous, et songez aux choses que vous dites.
Ce n'est pas lui tout seul qui blâme ces visites.
Tout ce tracas qui suit les gens que vous hantez[1],
Ces carrosses sans cesse à la porte plantés,
Et de tant de laquais le bruyant assemblage
90 Font un éclat fâcheux dans tout le voisinage.
Je veux croire qu'au fond il ne se passe rien ;
Mais enfin on en parle, et cela n'est pas bien.

CLÉANTE

Hé ! voulez-vous, Madame, empêcher qu'on ne cause ?
Ce serait dans la vie une fâcheuse chose,
95 Si pour les sots discours où l'on peut être mis[2],
Il fallait renoncer à ses meilleurs amis.
Et quand même on pourrait se résoudre à le faire,
Croiriez-vous obliger tout le monde à se taire ?
Contre la médisance il n'est point de rempart.
100 À tous les sots caquets n'ayons donc nul égard ;
Efforçons-nous de vivre avec toute innocence,
Et laissons aux causeurs une pleine licence.

DORINE

Daphné, notre voisine, et son petit époux
Ne seraient-ils point ceux qui parlent mal de nous ?
105 Ceux de qui la conduite offre le plus à rire
Sont toujours sur autrui les premiers à médire ;
Ils ne manquent jamais de saisir promptement

---

1. *Hantez* : fréquentez.
2. *Sots ... être mis* : les calomnies dont on peut être victime.

37

L'apparente lueur du moindre attachement[1],
D'en semer la nouvelle avec beaucoup de joie,
110 Et d'y donner le tour qu'ils veulent qu'on y croie :
Des[2] actions d'autrui, teintes de leurs couleurs,
Ils pensent dans le monde autoriser les leurs,
Et sous le faux espoir de quelque ressemblance,
Aux intrigues qu'ils ont donner de l'innocence,
115 Ou faire ailleurs tomber quelques traits partagés
De ce blâme public dont ils sont trop chargés[3].

MADAME PERNELLE

Tous ces raisonnements ne font rien à l'affaire.
On sait qu'Orante mène une vie exemplaire :
Tous ses soins vont au Ciel ; et j'ai su par des gens
120 Qu'elle condamne fort le train[4] qui vient céans.

Elle ne veut pas écouter à les sauver

DORINE

L'exemple est admirable, et cette dame est bonne !
Il est vrai qu'elle vit en austère personne ;
Mais l'âge dans son âme a mis ce zèle ardent,
Et l'on sait qu'elle est prude à son corps défendant :
125 Tant qu'elle a pu des cœurs attirer les hommages,
Elle a fort bien joui de tous ses avantages ;
Mais, voyant de ses yeux tous les brillants baisser,
Au monde, qui la quitte, elle veut renoncer,
Et du voile pompeux d'une haute sagesse
130 De ses attraits usés déguiser la faiblesse.
Ce sont là les retours[5] des coquettes du temps.
Il leur est dur de voir déserter les galants.
Dans un tel abandon, leur sombre inquiétude

---

1. *L'apparente ... attachement :* le moindre indice d'intrigue amoureuse.
2. *Des :* par les.
3. *Ou faire ... trop chargés :* ils espèrent faire retomber sur autrui une
partie des critiques dont ils sont, à juste titre, l'objet.
4. *Train :* flot des visiteurs.
5. *Retours :* revirements, repentirs.

Ne voit d'autre recours que le métier de prude ;
135 Et la sévérité de ces femmes de bien
Censure toute chose, et ne pardonne à rien ;
Hautement d'un chacun elles blâment la vie,
Non point par charité, mais par un trait d'envie,
Qui ne saurait souffrir qu'une autre ait les plaisirs
140 Dont le penchant de l'âge[1] a sevré leurs désirs.

MADAME PERNELLE

Voilà les contes bleus[2] qu'il vous faut pour vous plaire.
Ma bru, l'on est chez vous contrainte de se taire,
Car Madame à jaser tient le dé[3] tout le jour.
Mais enfin je prétends discourir à mon tour :
145 Je vous dis que mon fils n'a rien fait de plus sage
Qu'en recueillant chez soi ce dévot personnage ;
Que le Ciel au besoin[4] l'a céans envoyé
Pour redresser à tous votre esprit fourvoyé ;
Que pour votre salut vous le devez entendre,
150 Et qu'il ne reprend rien qui ne soit à reprendre.
Ces visites, ces bals, ces conversations
Sont du malin esprit[5] toutes inventions.
Là jamais on n'entend de pieuses paroles :
Ce sont propos oisifs, chansons et fariboles ;
155 Bien souvent le prochain en a sa bonne part,
Et l'on y sait médire et du tiers et du quart[6].
Enfin les gens sensés ont leurs têtes troublées
De la confusion de telles assemblées :
Mille caquets divers s'y font en moins de rien ;
160 Et comme l'autre jour un docteur[7] dit fort bien,

---

1. *Penchant de l'âge* : vieillesse.
2. *Contes bleus* : sornettes.
3. *À jaser tient le dé* : monopolise la parole.
4. *Au besoin* : pour répondre à un besoin.
5. *Malin esprit* : diable.
6. *Du tiers et du quart* : de tout le monde.
7. *Docteur* : en théologie, prédicateur.

C'est véritablement la tour de Babylone,
Car chacun y babille, et tout du long de l'aune[1] ;
Et pour conter l'histoire où ce point l'engagea...
(Montrant Cléante.)
Voilà-t-il pas Monsieur qui ricane déjà !
(À Elmire.)
165 Allez chercher vos fous qui vous donnent à rire,
Et sans... Adieu, ma bru : je ne veux plus rien dire.
Sachez que pour céans j'en rabats de moitié[2],
Et qu'il fera beau temps quand j'y mettrai le pied.
(Donnant un soufflet à Flipote.)
Allons, vous, vous rêvez, et bayez aux corneilles.
170 Jour de Dieu ! je saurai vous frotter les oreilles.
Marchons, gaupe[3], marchons.

---

1. *Tout du long de l'aune :* sans discontinuer.
2. *J'en rabats de moitié :* j'en perds la moitié de l'estime que j'avais.
3. *Gaupe :* souillon.

Acte I Scène 1

LA SCÈNE D'EXPOSITION

La scène 1 transmet les informations indispensables à la compréhension de la pièce : montrez que, dès les 40 premiers vers, nous connaissons les liens de parenté de tous les personnages présents ainsi que le trait dominant de la personnalité de chacun, malgré la vision déformée qu'en donne Mme Pernelle. À partir du vers 41, nous apprenons à connaître Tartuffe avant même qu'il ne paraisse sur scène : des deux portraits contradictoires qui sont dressés de lui, lequel croyons-nous, et pourquoi ? Un seul personnage important est pratiquement absent de la conversation : lequel ? Pourquoi n'en dit-on presque rien ?

LA DYNAMIQUE

La première scène doit aussi donner son élan à la pièce : sur scène, les personnages sont-ils immobiles ou en mouvement ? Quel est l'intérêt de faire transmettre les informations par des personnages passionnés, voire en colère ? Le théâtre classique s'ouvre toujours sur une crise : précisez l'enjeu du conflit présent ; prenons-nous parti dans ce conflit ?

Analysez la dynamique de cette scène : au départ Mme Pernelle impose le silence à tous, puis le rapport des forces se renverse et elle perd la maîtrise de la conversation, jusqu'à sortir vaincue. Quelle est, à cet égard, la signification du soufflet donné à Flipote ?

SCÈNE 2. CLÉANTE, DORINE.

CLÉANTE

          Je n'y veux point aller,
De peur qu'elle ne vînt encor me quereller,
Que cette bonne femme[1]...

DORINE

          Ah ! certes, c'est dommage
Qu'elle ne vous ouît tenir un tel langage :
175 Elle vous dirait bien qu'elle vous trouve bon,
Et qu'elle n'est point d'âge à lui donner ce nom.

CLÉANTE

Comme elle s'est pour rien contre nous échauffée !
Et que de son Tartuffe elle paraît coiffée[2] !

DORINE

Oh ! vraiment tout cela n'est rien au prix[3] du fils,
180 Et si vous l'aviez vu, vous diriez : « C'est bien pis ! »
Nos troubles[4] avaient mis sur le pied d'homme sage,
Et pour servir son prince il montra du courage ;
Mais il est devenu comme un homme hébété,
Depuis que de Tartuffe on le voit entêté ;
185 Il l'appelle son frère, et l'aime dans son âme
Cent fois plus qu'il ne fait[5] mère, fils, fille, et femme.
C'est de tous ses secrets l'unique confident,
Et de ses actions le directeur prudent ;
Il le choie, il l'embrasse, et pour une maîtresse
190 On ne saurait, je pense, avoir plus de tendresse ;
À table, au plus haut bout[6] il veut qu'il soit assis ;

---

1. *Bonne femme :* vieille femme.
2. *Coiffée :* entichée, éprise de.
3. *Au prix :* en comparaison.
4. *Nos troubles :* la Fronde (1648-1653).
5. *Ne fait :* n'aime.
6. *Au plus haut bout :* à la place d'honneur.

Avec joie il l'y voit manger autant que six ;
Les bons morceaux de tout, il fait qu'on les lui cède ;
Et s'il vient à roter, il lui dit : « Dieu vous aide ! »
195 Enfin il en est fou ; c'est son tout, son héros ;
Il l'admire à tous coups, le cite à tout propos ;
Ses moindres actions lui semblent des miracles,
Et tous les mots qu'il dit sont pour lui des oracles.
Lui, qui connaît sa dupe et qui veut en jouir,
200 Par cent dehors fardés[1] a l'art de l'éblouit[2],
Son cagotisme en tire à toute heure des sommes,
Et prend droit de gloser[3] sur tous tant que nous sommes.
Il n'est pas jusqu'au fat[4] qui lui sert de garçon[5]
Qui ne se mêle aussi de nous faire leçon ;
205 Il vient nous sermonner avec des yeux farouches.
Et jeter nos rubans, notre rouge[6] et nos mouches[7].
Le traître, l'autre jour, nous rompit de ses mains
Un mouchoir[8] qu'il trouva dans une *Fleur des Saints*[9],
Disant que nous mêlions, par un crime effroyable,
210 Avec la sainteté les parures du diable.

---

1. *Dehors fardés* : apparences mensongères.
2. *Éblouir* : tromper.
3. *Gloser* : critiquer.
4. *Fat* : sot.
5. *Garçon* : valet.
6. *Rouge* : fard.
7. *Mouches* : grains de beauté artificiels en taffetas noir.
8. *Mouchoir* : dentelle dont les femmes paraient leur gorge.
9. *« Fleur des Saints »* : livre pieux du jésuite Ribadeneyra.

SCÈNE 3. ELMIRE, MARIANE, DAMIS, CLÉANTE, DORINE.

ELMIRE, *à Cléante*

Vous êtes bienheureux de n'être point venu
Au discours qu'à la porte elle nous a tenu.
Mais j'ai vu mon mari ! comme il ne m'a point vue,
Je veux aller là-haut attendre sa venue.

CLÉANTE

215 Moi, je l'attends ici pour moins d'amusement[1],
Et je vais lui donner le bonjour seulement.

DAMIS

De l'hymen[2] de ma sœur touchez-lui quelque chose.
J'ai soupçon que Tartuffe à son effet[3] s'oppose,
Qu'il oblige mon père à des détours si grands ;
220 Et vous n'ignorez pas quel intérêt j'y prends.
Si même ardeur enflamme et ma sœur et Valère,
La sœur de cet ami, vous le savez, m'est chère ;
Et s'il fallait...

DORINE

Il entre.

SCÈNE 4. ORGON, CLÉANTE, DORINE.

ORGON

Ah ! mon frère, bonjour.

CLÉANTE

Je sortais, et j'ai joie à vous voir de retour.
225 La campagne à présent n'est pas beaucoup fleurie.

---

1. *Moins d'amusement* : perdre moins de temps.
2. *Hymen* : mariage.
3. *Effet* : réalisation.

ORGON

Dorine... Mon beau-frère, attendez, je vous prie :
Vous voulez bien souffrir, pour m'ôter de souci,
Que je m'informe un peu des nouvelles d'ici.
Tout s'est-il, ces deux jours, passé de bonne sorte ?
230 Qu'est-ce qu'on fait céans ? comme[1] est-ce qu'on s'y porte ?

DORINE

Madame eut avant-hier la fièvre jusqu'au soir,
Avec un mal de tête étrange à concevoir.

ORGON

Et Tartuffe ?

DORINE

Tartuffe ? Il se porte à merveille.
Gros et gras, le teint frais, et la bouche vermeille.

ORGON

235 Le pauvre homme !

DORINE

Le soir, elle eut un grand dégoût,
Et ne put au souper toucher à rien du tout,
Tant sa douleur de tête était encor cruelle !

ORGON

Et Tartuffe ?

DORINE

Il soupa, lui tout seul, devant elle,
Et fort dévotement il mangea deux perdrix,
240 Avec une moitié de gigot en hachis.

ORGON

Le pauvre homme !

DORINE

La nuit se passa tout entière
Sans qu'elle pût fermer un moment la paupière ;
Des chaleurs l'empêchaient de pouvoir sommeiller,
Et jusqu'au jour près d'elle il nous fallut veiller.

1. *Comme* : comment.

ORGON

245 Et Tartuffe ?

DORINE

Pressé d'un sommeil agréable,
Il passa dans sa chambre au sortir de la table,
Et dans son lit bien chaud il se mit tout soudain,
Où sans trouble il dormit jusques au lendemain.

ORGON

Le pauvre homme !

DORINE

À la fin, par nos raisons gagnée,
250 Elle se résolut à souffrir la saignée,
Et le soulagement suivit tout aussitôt.

ORGON

Et Tartuffe ?

DORINE

Il reprit courage comme il faut,
Et contre tous les maux fortifiant son âme,
Pour réparer le sang qu'avait perdu Madame,
255 But à son déjeuner quatre grands coups de vin.

ORGON

Le pauvre homme !

DORINE

Tous deux se portent bien enfin ;
Et je vais à Madame annoncer par avance
La part que vous prenez à sa convalescence.

Acte I Scène 4

LE COMIQUE DE RÉPÉTITION

Cette scène — avec celles de *l'Avare* (acte I, sc. 5) et des *Fourberies de Scapin* (acte II, sc. 7) — constitue l'un des exemples les plus purs du comique de répétition. À ce titre, elle a été analysée par Bergson dans *le Rire* :

« Dans une répétition comique de mots il y a généralement deux termes en présence, un sentiment comprimé qui se détend comme un ressort, et une idée qui s'amuse à comprimer de nouveau le sentiment. Quand Dorine raconte à Orgon la maladie de sa femme, et que celui-ci l'interrompt sans cesse pour s'enquérir de la santé de Tartuffe, la question qui revient toujours : "Et Tartuffe ?" nous donne la sensation très nette d'un ressort qui part. C'est ce ressort que Dorine s'amuse à repousser en reprenant chaque fois le récit de la maladie d'Elmire. »

Commentez cet extrait en le reliant à la définition bergsonienne du comique : « du mécanique plaqué sur du vivant ».

L'IRONIE

Dans quels vers l'ironie s'exprime-t-elle ? employée par quel personnage à propos de quel(s) autre(s) ? Qui épargne-t-elle ?

Pour que naisse le rire, il faut se sentir en position de supériorité : presque toujours, rire, c'est rire de quelqu'un. En quoi l'ironie (voir p. 198) permet-elle ici au spectateur de se sentir supérieur à Orgon ?

L'ART DE LA SURPRISE PRÉPARÉE

L'image d'Orgon et celle de Tartuffe dans cette scène ressemblent-elles aux portraits que les scènes précédentes nous avaient tracés d'eux ?

Montrez, en citant le texte, que les personnages peuvent à la fois être connus d'avance et cependant nous surprendre.

47

SCÈNE 5. ORGON, CLÉANTE.

CLÉANTE

À votre nez, mon frère, elle se rit de vous ;
260 Et sans avoir dessein de vous mettre en courroux,
Je vous dirai tout franc que c'est avec justice.
A-t-on jamais parlé d'un semblable caprice ?
Et se peut-il qu'un homme ait un charme[1] aujourd'hui
À vous faire oublier toutes choses pour lui,
265 Qu'après avoir chez vous réparé sa misère,
Vous en veniez au point ?...

ORGON

Halte-là, mon beau-frère :
Vous ne connaissez pas celui dont vous parlez.

CLÉANTE

Je ne le connais pas, puisque vous le voulez ;
Mais enfin, pour savoir quel homme ce peut être...

ORGON

270 Mon frère, vous seriez charmé de le connaître,
Et vos ravissements ne prendraient point de fin.
C'est un homme... qui... ha ! un homme... un homme enfin.
Qui suit bien ses leçons goûte une paix profonde,
Et comme du fumier regarde tout le monde.
275 Oui, je deviens tout autre avec son entretien ;
Il m'enseigne à n'avoir affection pour rien,
De toutes amitiés il détache mon âme ;
Et je verrais mourir frère, enfants, mère et femme,
Que je m'en soucierais autant que de cela.

CLÉANTE

280 Les sentiments humains, mon frère, que voilà !

---

1. *Charme :* pouvoir magique.

ORGON

Ha ! si vous aviez vu comme j'en fis rencontre,
Vous auriez pris pour lui l'amitié que je montre.
Chaque jour à l'église il venait, d'un air doux,
Tout vis-à-vis de moi se mettre à deux genoux.
285 Il attirait les yeux de l'assemblée entière
Par l'ardeur dont au Ciel il poussait sa prière ;
Il faisait des soupirs, de grands élancements[1],
Et baisait humblement la terre à tous moments ;
Et lorsque je sortais, il me devançait vite,
290 Pour m'aller à la porte offrir de l'eau bénite.
Instruit par son garçon, qui dans tout l'imitait,
Et de son indigence, et de ce qu'il était,
Je lui faisais des dons ; mais avec modestie
Il me voulait toujours en rendre une partie.
295 « C'est trop, me disait-il, c'est trop de la moitié ;
Je ne mérite pas de vous faire pitié » ;
Et quand je refusais de le vouloir reprendre,
Aux pauvres, à mes yeux, il allait le répandre.
Enfin le Ciel chez moi me le fit retirer[2],
300 Et depuis ce temps-là tout semble y prospérer.
Je vois qu'il reprend tout, et qu'à ma femme même
Il prend, pour mon honneur, un intérêt extrême ;
Il m'avertit des gens qui lui font les yeux doux,
Et plus que moi six fois il s'en montre jaloux.
305 Mais vous ne croiriez point jusqu'où monte son zèle[3],
Il s'impute à péché la moindre bagatelle ;
Un rien presque suffit pour le scandaliser ;
Jusque-là qu'il se vint l'autre jour accuser
D'avoir pris une puce en faisant sa prière,
310 Et de l'avoir tuée avec trop de colère.

---

1. *Élancements* : élans de l'âme.
2. *Retirer* : recueillir.
3. *Zèle* : ardeur religieuse.

CLÉANTE

Parbleu ! vous êtes fou, mon frère, que je croi[1].
Avec de tels discours vous moquez-vous de moi ?
Et que prétendez-vous que tout ce badinage ?...

ORGON

Mon frère, ce discours sent le libertinage[2] :
315 Vous en êtes un peu dans votre âme entiché ;
Et comme je vous l'ai plus de dix fois prêché,
Vous vous attirerez quelque méchante affaire.

CLÉANTE

Voilà de vos pareils le discours ordinaire :
Ils veulent que chacun soit aveugle comme eux.
320 C'est être libertin que d'avoir de bons yeux,
Et qui n'adore pas de vaines simagrées
N'a ni respect ni foi pour les choses sacrées.
Allez, tous vos discours ne me font point de peur :
Je sais comme je parle, et le Ciel voit mon cœur,
325 De tous vos façonniers[3] on n'est point les esclaves.
Il est de faux dévots ainsi que de faux braves ;
Et comme on ne voit pas qu'où l'honneur les conduit
Les vrais braves soient ceux qui font beaucoup de bruit,
Les bons et vrais dévots, qu'on doit suivre à la trace,
330 Ne sont pas ceux aussi qui font tant de grimace.
Hé quoi ? vous ne ferez nulle distinction
Entre l'hypocrisie et la dévotion ?
Vous les voulez traiter d'un semblable langage,
Et rendre même honneur au masque qu'au visage,
335 Égaler l'artifice à la sincérité,
Confondre l'apparence avec la vérité,
Estimer le fantôme autant que la personne,

---

1. *Que je croi :* à ce que je crois. L'orthographe n'était pas définitivement fixée au XVIIe siècle et permettait quelques variantes, notamment afin de respecter la rime pour l'œil.
2. *Libertinage :* manque de respect pour la religion.
3. *Façonniers :* qui cherchent à tromper en faisant des façons.

Et la fausse monnaie à l'égal de la bonne ?
Les hommes la plupart sont étrangement faits !
340 Dans la juste nature on ne les voit jamais ;
La raison a pour eux des bornes trop petites ;
En chaque caractère ils passent ses limites ;
Et la plus noble chose, ils la gâtent souvent
Pour la vouloir outrer et pousser trop avant.
345 Que cela vous soit dit en passant, mon beau-frère.

ORGON

Oui, vous êtes sans doute un docteur qu'on révère ;
Tout le savoir du monde est chez vous retiré ;
Vous êtes le seul sage et le seul éclairé,
Un oracle, un Caton[1] dans le siècle où nous sommes ;
350 Et près de vous ce sont des sots que tous les hommes.

CLÉANTE

Je ne suis point, mon frère, un docteur révéré,
Et le savoir chez moi n'est pas tout retiré.
Mais, en un mot, je sais, pour toute ma science,
Du faux avec le vrai faire la différence.
355 Et comme je ne vois nul genre de héros
Qui soient plus à priser que les parfaits dévots,
Aucune chose au monde et plus noble et plus belle
Que la sainte ferveur d'un véritable zèle,
Aussi ne vois-je rien qui soit plus odieux
360 Que le dehors plâtré d'un zèle spécieux[2],
Que ces francs charlatans, que ces dévots de place[3],
De qui la sacrilège et trompeuse grimace
Abuse impunément et se joue à leur gré
De ce qu'ont les mortels de plus saint et sacré,
365 Ces gens qui, par une âme à l'intérêt soumise,

---

1. *Caton* : Caton l'Ancien (234-149 av. J.-C.), symbole de la vertu romaine.
2. *Spécieux* : de belle, mais trompeuse apparence.
3. *Dévots de place* : qui font étalage de leur dévotion sur la place publique.

51

Font de dévotion métier et marchandise,
Et veulent acheter crédit et dignités
À prix de faux clins d'yeux et d'élans affectés,
Ces gens, dis-je, qu'on voit d'une ardeur non commune
370 Par le chemin du Ciel courir à leur fortune,
Qui, brûlants et priants, demandent[1] chaque jour,
Et prêchent la retraite au milieu de la cour,
Qui savent ajuster leur zèle avec leurs vices,
Sont prompts, vindicatifs, sans foi[2], pleins d'artifices,
375 Et pour perdre quelqu'un couvrent insolemment
De l'intérêt du Ciel leur fier[3] ressentiment,
D'autant plus dangereux dans leur âpre colère,
Qu'ils prennent contre nous des armes qu'on révère,
Et que leur passion, dont on leur sait bon gré,
380 Veut nous assassiner avec un fer sacré.
De ce faux caractère on en voit trop paraître[4] ;
Mais les dévots de cœur sont aisés à connaître.
Notre siècle, mon frère, en expose à nos yeux
Qui peuvent nous servir d'exemples glorieux :
385 Regardez Ariston, regardez Périandre,
Oronte, Alcidamas, Polydore, Clitandre ;
Ce titre par aucun ne leur est débattu[5],
Ce ne sont point du tout fanfarons de vertu ;
On ne voit point en eux ce faste[6] insupportable,
390 Et leur dévotion est humaine et traitable.
Ils ne censurent point toutes nos actions :
Ils trouvent trop d'orgueil dans ces corrections,
Et, laissant la fierté des paroles aux autres,
C'est par leurs actions qu'ils reprennent les nôtres.
395 L'apparence du mal a chez eux peu d'appui[7],

---

1. *Demandent :* quémandent.
2. *Foi :* parole, loyauté.
3. *Fier :* féroce.
4. *De ce faux... paraître :* on voit trop de fourbes.
5. *Débattu :* contesté.
6. *Faste :* étalage, mise en scène.
7. *D'appui :* de crédit.

Et leur âme est portée à juger bien d'autrui.
Point de cabale en eux, point d'intrigues à suivre ;
On les voit, pour tous soins, se mêler de bien vivre.
Jamais contre un pécheur ils n'ont d'acharnement :
400 Ils attachent leur haine au péché seulement
Et ne veulent point prendre avec un zèle extrême
Les intérêts du ciel plus qu'il ne veut lui-même.
Voilà mes gens, voilà comme il en faut user,
Voilà l'exemple enfin qu'il se faut proposer.
405 Votre homme, à dire vrai, n'est pas de ce modèle.
C'est de fort bonne foi que vous vantez son zèle,
Mais par un faux éclat je vous crois ébloui.

ORGON

Monsieur mon cher beau-frère, avez-vous tout dit ?

CLÉANTE

                                        Oui.

ORGON

Je suis votre valet[1].

                        (Il veut s'en aller.)

CLÉANTE

            De grâce, un mot, mon frère.
410 Laissons là ce discours. Vous savez que Valère
Pour être votre gendre a parole de vous.

ORGON

Oui.

CLÉANTE

    Vous aviez pris jour[2] pour un lien si doux.

ORGON

Il est vrai.

CLÉANTE

        Pourquoi donc en différer la fête ?

ORGON

Je ne sais.

---

1. *Je suis votre valet :* je vous salue.
2. *Pris jour :* fixé une date.

53

CLÉANTE

Auriez-vous autre pensée en tête ?

ORGON

415 Peut-être.

CLÉANTE

Vous voulez manquer à votre foi ?

ORGON

Je ne dis pas cela.

CLÉANTE

Nul obstacle, je croi,
Ne vous peut empêcher d'accomplir vos promesses.

ORGON

Selon[1].

CLÉANTE

Pour dire un mot faut-il tant de finesses[2] ?
Valère sur ce point me fait vous visiter.

ORGON

420 Le ciel en soit loué !

CLÉANTE

Mais que lui reporter ?

ORGON

Tout ce qu'il vous plaira.

CLÉANTE

Mais il est nécessaire
De savoir vos desseins. Quels sont-ils donc ?

ORGON

De faire

Ce que le Ciel voudra.

CLÉANTE

Mais parlons tout de bon.
Valère a votre foi : la tiendrez-vous, ou non ?

---

1. *Selon* : c'est selon, cela dépend.
2. *Finesses* : détours.

ORGON

425 Adieu.

CLÉANTE
Pour son amour je crains une disgrâce,
Et je dois l'avertir de tout ce qui se passe.

Michel Bouquet dans le rôle de Tartuffe.
Adaptation télévisée réalisée par Marcel Cravenne, 1971.

Sur l'ensemble de l'acte I

Au cours de cet acte, nous avons vu tous les personnages importants, sauf Tartuffe. Mais il nous est déjà transparent (voir la Préface p. 16, où Molière dit avoir employé « deux actes entiers à préparer la venue de son scélérat ») : comme hypocrite, il est le contraire de ce qu'il paraît.

Relevez les éléments qui renvoient à son apparence et ceux qui trahissent sa véritable nature, en prenant en compte non seulement ses comportements, mais les leçons qu'il donne à Orgon. S'il nous restait un doute sur la malhonnêteté de Tartuffe au terme de la première scène, montrez que c'est, paradoxalement, l'éloge fait de lui par Orgon (sc. 5) qui achève de nous en convaincre.

Comment Molière répond-il, dans cet acte, au reproche qu'on lui avait fait d'attaquer toute dévotion, et pas seulement la fausse ? Analysez le rôle de Cléante à cet égard. Avec le personnage d'Orgon, ne peut-on pas dire cependant que Molière attaque plus que la fausse dévotion ?

À la fin de l'acte, le rapport des forces est en place : comptez les recrues de chaque camp. Ces forces sont suffisamment équilibrées pour produire un bon suspense : d'un côté, le nombre ; de l'autre, l'autorité.

Pour quelle cause ces deux camps vont-ils se mobiliser ? À l'enjeu général indiqué dans la scène 1 s'ajoute à la fin de l'acte un enjeu déterminé : quel est-il ?

Acte II

SCÈNE PREMIÈRE. ORGON, MARIANE.

ORGON

Mariane.

MARIANE

Mon père.

ORGON

Approchez, j'ai de quoi
Vous parler en secret.

MARIANE

Que cherchez-vous ?

ORGON. *(Il regarde dans un petit cabinet.)*

Je voi
Si quelqu'un n'est point là qui pourrait nous entendre :
430 Car ce petit endroit est propre pour surprendre.
Or sus[1], nous voilà bien. J'ai, Mariane, en vous
Reconnu de tout temps un esprit assez[2] doux,
Et de tout temps aussi vous m'avez été chère.

MARIANE

Je suis fort redevable à cet amour de père.

ORGON

435 C'est fort bien dit, ma fille ; et pour le mériter,
Vous devez n'avoir soin que de me contenter.

MARIANE

C'est où[3] je mets aussi ma gloire la plus haute.

---

1. *Or sus* : allons.
2. *Assez :* tout à fait.
3. *Où :* ce en quoi.

ORGON

Fort bien. Que dites-vous de Tartuffe notre hôte ?

MARIANE

Qui, moi ?

ORGON

Vous. Voyez bien comme vous répondrez.

MARIANE

440 Hélas ! j'en dirai, moi, tout ce que vous voudrez.

ORGON

C'est parler sagement. Dites-moi donc, ma fille,
Qu'en toute sa personne un haut mérite brille,
Qu'il touche votre cœur, et qu'il vous serait doux
De le voir par mon choix devenir votre époux.
Eh ?

(Mariane se recule avec surprise.)

MARIANE

445   Eh ?

ORGON

Qu'est-ce ?

MARIANE

Plaît-il ?

ORGON

Quoi ?

MARIANE

Me suis-je méprise ?

ORGON

Comment ?

MARIANE

Qui voulez-vous, mon père, que je dise
Qui me touche le cœur, et qu'il me serait doux
De voir par votre choix devenir mon époux ?

ORGON

Tartuffe.

MARIANE

Il n'en est rien, mon père, je vous jure.
450 Pourquoi me faire dire une telle imposture ?

ORGON

Mais je veux que cela soit une vérité ;
Et c'est assez pour vous que je l'aie arrêté[1].

MARIANE

Quoi ? vous voulez, mon père ?...

ORGON

Oui, je prétends, ma fille,
Unir par votre hymen Tartuffe à ma famille.
455 Il sera votre époux, j'ai résolu cela ;
Et comme sur vos vœux je...

SCÈNE 2. DORINE, ORGON, MARIANE.

ORGON

Que faites-vous là ?
La curiosité qui vous presse est bien forte,
Mamie[2], à nous venir écouter de la sorte.

DORINE

Vraiment, je ne sais pas si c'est un bruit qui part
460 De quelque conjecture, ou d'un coup de hasard
Mais de ce mariage on m'a dit la nouvelle,
Et j'ai traité cela de pure bagatelle.

ORGON

Quoi donc ? la chose est-elle incroyable ?

DORINE

À tel point,
Que vous-même, Monsieur, je ne vous en crois point.

---

1. *Arrête :* décidé.
2. *Mamie :* mon amie.

ORGON

465 Je sais bien le moyen de vous le faire croire.

DORINE

Oui, oui, vous nous contez une plaisante histoire.

ORGON

Je conte justement ce qu'on verra dans peu.

DORINE

Chansons[1] !

ORGON

Ce que je dis, ma fille, n'est point jeu.

DORINE

Allez, ne croyez point à Monsieur votre père :
470 Il raille.

ORGON

Je vous dis...

DORINE

Non, vous avez beau faire,
On ne vous croira point.

ORGON

À la fin mon courroux...

DORINE

Hé bien ! on vous croit donc, et c'est tant pis pour vous.
Quoi ? se peut-il, Monsieur, qu'avec l'air d'homme sage
Et cette large barbe[2] au milieu du visage,
475 Vous soyez assez fou pour vouloir ?...

ORGON

Écoutez :
Vous avez pris céans certaines privautés
Qui ne me plaisent point ; je vous le dis, mamie.

---

1. *Chansons :* c'est une plaisanterie !
2. *Barbe :* au XVIIe siècle, désigne aussi la moustache.

DORINE

Parlons sans nous fâcher, Monsieur, je vous supplie.
Vous moquez-vous des gens d'avoir fait ce complot ?
480 Votre fille n'est point l'affaire d'un bigot :
Il a d'autres emplois auxquels il faut qu'il pense.
Et puis, que vous apporte une telle alliance ?
À quel sujet aller, avec tout votre bien,
Choisir un gendre gueux ?...

ORGON

Taisez-vous. S'il n'a rien,
485 Sachez que c'est par là qu'il faut qu'on le révère.
Sa misère est sans doute une honnête misère ;
Au-dessus des grandeurs elle doit l'élever,
Puisque enfin de son bien il s'est laissé priver
Par son trop peu de soin[1] des choses temporelles,
490 Et sa puissante attache aux choses éternelles.
Mais mon secours pourra lui donner les moyens
De sortir d'embarras et rentrer dans ses biens :
Ce sont fiefs qu'à bon titre au pays[2] on renomme ;
Et tel que l'on le voit, il est bien gentilhomme.

DORINE

495 Oui, c'est lui qui le dit ; et cette vanité,
Monsieur, ne sied pas bien avec la piété.
Qui d'une sainte vie embrasse l'innocence
Ne doit point tant prôner son nom et sa naissance,
Et l'humble procédé[3] de la dévotion
500 Souffre mal les éclats de cette ambition.
À quoi bon cet orgueil ?... Mais ce discours vous blesse :
Parlons de sa personne, et laissons sa noblesse.
Ferez-vous possesseur, sans quelque peu d'ennui[4],
D'une fille comme elle un homme comme lui ?

---

1. *Soin :* souci.
2. *Au pays :* dans sa province.
3. *Procédé :* manière d'agir.
4. *Ennui :* tourment, peine.

505   Et ne devez-vous pas songer aux bienséances,
     Et de cette union prévoir les conséquences ?
     Sachez que d'une fille on risque la vertu,
     Lorsque dans son hymen son goût est combattu,
     Que le dessein d'y vivre en honnête personne
510   Dépend des qualités du mari qu'on lui donne,
     Et que ceux dont partout on montre au doigt le front
     Font leurs femmes souvent ce qu'on voit qu'elles sont.
     Il est bien difficile enfin d'être fidèle
     À de certains maris faits d'un certain modèle ;
515   Et qui donne à sa fille un homme qu'elle hait
     Est responsable au Ciel des fautes qu'elle fait.
     Songez à quels périls votre dessein vous livre.

ORGON

     Je vous dis qu'il me faut apprendre d'elle à vivre.

DORINE

     Vous n'en feriez que mieux de suivre mes leçons.

ORGON

520   Ne nous amusons point, ma fille, à ces chansons :
     Je sais ce qu'il vous faut, et je suis votre père.
     J'avais donné pour vous ma parole à Valère ;
     Mais outre qu'à jouer on dit qu'il est enclin,
     Je le soupçonne encor d'être un peu libertin :
525   Je ne remarque point qu'il hante les églises.

DORINE

     Voulez-vous qu'il y coure à vos heures précises,
     Comme ceux qui n'y vont que pour être aperçus ?

ORGON

     Je ne demande pas votre avis là-dessus.
     Enfin avec le Ciel l'autre est le mieux du monde,
530   Et c'est une richesse à nulle autre seconde.
     Cet hymen de tous biens comblera vos désirs,
     Il sera tout confit en[1] douceurs et plaisirs.

---

1. *Confit en* : plein de.

Ensemble vous vivrez, dans vos ardeurs fidèles,
Comme deux vrais enfants, comme deux tourterelles ;
535 À nul fâcheux débat jamais vous n'en viendrez,
Et vous ferez de lui tout ce que vous voudrez.

DORINE

Elle ? elle n'en fera qu'un sot[1], je vous assure.

ORGON

Ouais ! quels discours !

DORINE

             Je dis qu'il en a l'encolure[2]
Et que son ascendant[3], Monsieur, l'emportera
540 Sur toute la vertu que votre fille aura.

ORGON

Cessez de m'interrompre, et songez à vous taire,
Sans mettre votre nez où vous n'avez que faire.

DORINE

Je n'en parle, Monsieur, que pour votre intérêt.
    (Elle l'interrompt toujours au moment qu'il se retourne pour
    parler à sa fille.)

ORGON

C'est prendre trop de soin : taisez-vous, s'il vous plaît.

DORINE

545 Si l'on ne vous aimait...

ORGON

             Je ne veux pas qu'on m'aime.

DORINE

Et je veux vous aimer, Monsieur, malgré vous-même.

ORGON

Ah !

---

1. *Sot* : cocu.
2. *Encolure* : allure.
3. *Ascendant* : ses aptitudes à être trompé, qu'il tient de l'astre sous lequel il est né.

DORINE

Votre honneur m'est cher, et je ne puis souffrir
Qu'aux brocards[1] d'un chacun vous alliez vous offrir.

ORGON

Vous ne vous tairez point ?

DORINE

C'est une conscience[2]
550 Que de vous laisser faire une telle alliance.

ORGON

Te tairas-tu, serpent, dont les traits effrontés... ?

DORINE

Ah ! vous êtes dévot, et vous vous emportez ?

ORGON

Oui, ma bile s'échauffe à toutes ces fadaises,
Et tout résolument je veux que tu te taises.

DORINE

555 Soit. Mais, ne disant mot, je n'en pense pas moins.

ORGON

Pense, si tu le veux ; mais applique tes soins
À ne m'en point parler, ou... Suffit.

(Se retournant vers sa fille.)
Comme sage,

J'ai pesé mûrement toutes choses.

DORINE

J'enrage

De ne pouvoir parler.

(Elle se tait lorsqu'il tourne la tête.)

ORGON

Sans être damoiseau[3],
560 Tartuffe est fait de sorte...

---

1. *Brocards :* railleries, moqueries.
2. *C'est une conscience :* c'est aller contre sa conscience.
3. *Damoiseau :* jeune homme élégant.

DORINE

Oui, c'est un beau museau.

ORGON

Que quand tu n'aurais même aucune sympathie
Pour tous les autres dons...

(Il se tourne devant elle, et la regarde les bras croisés.)

DORINE

La voilà bien lotie !

Si j'étais en sa place, un homme assurément
Ne m'épouserait pas de force impunément ;
565 Et je lui ferais voir bientôt après la fête
Qu'une femme a toujours une vengeance prête.

ORGON

Donc de ce que je dis on ne fera nul cas ?

DORINE

De quoi vous plaignez-vous ? Je ne vous parle pas.

ORGON

Qu'est-ce que tu fais donc ?

DORINE

Je me parle à moi-même.

ORGON

570 Fort bien. Pour châtier son insolence extrême,
Il faut que je lui donne un revers de ma main.

*(Il se met en posture de lui donner un soufflet ; et Dorine,
à chaque coup d'œil qu'il jette, se tient droite sans parler.)*

Ma fille, vous devez approuver mon dessein...
Croire que le mari... que j'ai su vous élire[1]...
Que ne te parles-tu ?

DORINE

Je n'ai rien à me dire.

ORGON

575 Encore un petit mot.

---

1. *Élire* : choisir.

65

DORINE

Il ne me plaît pas, moi.

ORGON

Certes, je t'y guettais.

DORINE

Quelque sotte[1], ma foi !

ORGON

Enfin, ma fille, il faut payer d'obéissance,
Et montrer pour mon choix entière déférence.

DORINE, *en s'enfuyant*.

Je me moquerais fort de prendre un tel époux.

(Il lui veut donner un soufflet et la manque.)

ORGON

580 Vous avez là, ma fille, une peste avec vous,
Avec qui sans péché je ne saurais plus vivre.
Je me sens hors d'état maintenant de poursuivre :
Ses discours insolents m'ont mis l'esprit en feu,
Et je vais prendre l'air pour me rasseoir[2] un peu.

---

1. *Quelque sotte :* une sotte aurait parlé, mais pas moi.
2. *Me rasseoir :* me remettre.

Acte II Scène 2

LES PERSONNAGES

L'acte II est l'acte de Dorine. Ceci est particulièrement vrai de la scène 2, où la servante conquiert la maîtrise sur le maître lui-même : Orgon jouait les tyrans à la fin de la première scène, il doit quitter la place à la fin de la deuxième. Qu'est-ce qui justifie l'intervention de Dorine ? Sur les modalités de cette intervention, montrez que Dorine emploie deux tactiques opposées : faire recouvrer la raison à son maître (par quels arguments tente-t-elle de convaincre en lui le bourgeois, puis le dévot ?), la lui faire perdre complètement. Laquelle sera la bonne ?

LA FAUSSE DÉVOTION

Orgon n'est pas un dévot hypocrite, mais c'est un dévot de pacotille ; il est donc bien lui aussi, à sa façon, un faux dévot. Pour le prouver, relevez dans cette scène les traits qui accusent en lui un penchant à la colère (Orgon vient du grec *orgè*, qui signifie « colère »), à la vanité sociale, à la sensualité et un phantasme de toute-puissance déjà repérable à la scène précédente (analysez en particulier, dans cette optique, le vers 536).

L'ÉVOLUTION DE LA SCÈNE

Elle passe progressivement de la comédie à la farce. Pour mesurer ce glissement, vous serez attentif au jeu de trois éléments typiques de la farce : le renversement de la situation dominant-dominé ; le thème du cocuage, qui remonte au fabliau médiéval ; la prédominance du comique gestuel.

SCÈNE 3. DORINE, MARIANE.

DORINE

585 Avez-vous donc perdu, dites-moi, la parole,
Et faut-il qu'en ceci je fasse votre rôle ?
Souffrir qu'on vous propose un projet insensé,
Sans que du moindre mot vous l'ayez repoussé !

MARIANE

Contre un père absolu que veux-tu que je fasse ?

DORINE

590 Ce qu'il faut pour parer une telle menace.

MARIANE

Quoi ?

DORINE

Lui dire qu'un cœur n'aime point par autrui,
Que vous vous mariez pour vous, non pas pour lui,
Qu'étant celle pour qui se fait toute l'affaire,
C'est à vous, non à lui, que le mari doit plaire,
595 Et que si son Tartuffe est pour lui si charmant,
Il le peut épouser sans nul empêchement.

MARIANE

Un père, je l'avoue, a sur nous tant d'empire,
Que je n'ai jamais eu la force de rien dire.

DORINE

Mais raisonnons. Valère a fait pour vous des pas[1] ;
600 L'aimez-vous, je vous prie, ou ne l'aimez-vous pas ?

MARIANE

Ah ! qu'envers mon amour ton injustice est grande,
Dorine ! me dois-tu faire cette demande ?
T'ai-je pas là-dessus ouvert cent fois mon cœur,
Et sais-tu pas pour lui jusqu'où va mon ardeur ?

---

1. *Des pas :* des démarches.

DORINE

605 Que sais-je si le cœur a parlé par la bouche,
Et si c'est tout de bon que cet amant vous touche ?

MARIANE

Tu me fais un grand tort, Dorine, d'en douter,
Et mes vrais sentiments ont su trop éclater.

DORINE

Enfin, vous l'aimez donc ?

MARIANE

Oui, d'une ardeur extrême.

DORINE

610 Et selon l'apparence il vous aime de même ?

MARIANE

Je le crois.

DORINE

Et tous deux brûlez également
De vous voir mariés ensemble ?

MARIANE

Assurément.

DORINE

Sur cette autre union quelle est donc votre attente ?

MARIANE

De me donner la mort si l'on me violente. *suicide*

DORINE

615 Fort bien : c'est un recours où[1] je ne songeais pas ;
Vous n'avez qu'à mourir pour sortir d'embarras ;
Le remède sans doute est merveilleux. J'enrage
Lorsque j'entends tenir ces sortes de langage.

MARIANE

Mon Dieu ! de quelle humeur, Dorine, tu te rends !
620 Tu ne compatis point aux déplaisirs des gens.

---

1. *Où* : auquel.

DORINE

Je ne compatis point à qui dit des sornettes
Et dans l'occasion[1] mollit comme vous faites.

MARIANE

Mais que veux-tu ? si j'ai de la timidité.

DORINE

Mais l'amour dans un cœur veut de la fermeté.

MARIANE

625 Mais n'en gardé-je pas pour les feux[2] de Valère ?
Et n'est-ce pas à lui de m'obtenir d'un père ?

DORINE

Mais quoi ? si votre père est un bourru fieffé[3],
Qui s'est de son Tartuffe entièrement coiffé
Et manque à l'union qu'il avait arrêtée,
630 La faute à votre amant doit-elle être imputée ?

MARIANE

Mais par un haut refus et d'éclatants mépris
Ferai-je dans mon choix voir un cœur trop épris ?
Sortirai-je pour lui, quelque éclat dont il brille,
De la pudeur du sexe et du devoir de fille ?
635 Et veux-tu que mes feux par le monde étalés... ?

DORINE

Non, non, je ne veux rien. Je vois que vous voulez
Être à Monsieur Tartuffe ; et j'aurais, quand j'y pense,
Tort de vous détourner d'une telle alliance.
Quelle raison aurais-je à combattre vos vœux ?
640 Le parti de soi-même est fort avantageux.
Monsieur Tartuffe ! oh ! oh ! n'est-ce rien qu'on propose,
Certes Monsieur Tartuffe, à bien prendre la chose,
N'est pas un homme, non, qui se mouche du pied[4],

---

1. *Dans l'occasion* : au moment décisif.
2. *Feux* : amour.
3. *Bourru fieffé* : parfait extravagant.
4. *N'est pas ... du pied* : est un homme habile et rusé.

Et ce n'est pas peu d'heur[1] que d'être sa moitié.
645 Tout le monde déjà de gloire[2] le couronne ;
Il est noble chez lui, bien fait de sa personne ;
Il a l'oreille rouge et le teint bien fleuri ;
Vous vivrez trop contente avec un tel mari.

MARIANE

Mon Dieu !...

DORINE

Quelle allégresse aurez-vous dans votre âme,
650 Quand d'un époux si beau vous vous verrez la femme !

MARIANE

Ha ! cesse, je te prie, un semblable discours,
Et contre cet hymen ouvre-moi du secours,
C'en est fait, je me rends, et suis prête à tout faire.

DORINE

Non, il faut qu'une fille obéisse à son père,
655 Voulût-il lui donner un singe pour époux.
Votre sort est fort beau : de quoi vous plaignez-vous ?
Vous irez par le coche[3] en sa petite ville,
Qu'en oncles et cousins vous trouverez fertile,
Et vous vous plairez fort à les entretenir.
660 D'abord chez le beau monde on vous fera venir ;
Vous irez visiter, pour votre bienvenue,
Madame la baillive et Madame l'élue[4],
Qui d'un siège pliant[5] vous feront honorer.
Là, dans le carnaval, vous pourrez espérer
665 Le bal et la grand'bande[6], à savoir, deux musettes,

---

1. *Heur :* bonheur, chance.
2. *Gloire :* béatitude des saints.
3. *Coche :* carrosse sans suspension.
4. *Madame la baillive et Madame l'élue :* femmes d'administrateurs locaux.
5. *Siège pliant :* dans la hiérarchie des sièges, le pliant vient en dernier après le fauteuil, la chaise et le tabouret.
6. *La grand'bande :* les vingt-quatre violons du roi.

rfois Fagotin[1] et les marionnettes,
      ırtant votre époux...

MARIANE

          Ah ! tu me fais mourir.
De tes conseils plutôt songe à me secourir.

DORINE

Je suis votre servante.

MARIANE

          Eh ! Dorine, de grâce...

DORINE

670 Il faut, pour vous punir, que cette affaire passe[2].

MARIANE

Ma pauvre fille !

DORINE

          Non.

MARIANE

          Si mes vœux déclarés[3]...

DORINE

Point : Tartuffe est votre homme, et vous en tâterez.

MARIANE

Tu sais qu'à toi toujours je me suis confiée :
Fais-moi...

DORINE

          Non, vous serez, ma foi ! tartuffiée.

MARIANE

675 Hé bien ! puisque mon sort ne saurait t'émouvoir,
Laisse-moi désormais toute à mon désespoir :
C'est de lui que mon cœur empruntera de l'aide,
Et je sais de mes maux l'infaillible remède.

          (Elle veut s'en aller.)

---

1. *Fagotin :* singe savant.
2. *Passe :* se fasse.
3. *Mes vœux déclarés :* l'aveu de mon amour.

DORINE

Hé ! là, là, revenez. Je quitte mon courroux.
680 Il faut, nonobstant tout, avoir pitié de vous.

MARIANE

Vois-tu, si l'on m'expose à ce cruel martyre,
Je te le dis, Dorine, il faudra que j'expire.

DORINE

Ne vous tourmentez point. On peut adroitement
Empêcher... Mais voici Valère, votre amant.

SCÈNE 4. VALÈRE, MARIANE, DORINE.

VALÈRE

685 On vient de débiter, Madame[1], une nouvelle
Que je ne savais pas, et qui sans doute est belle.

MARIANE

Quoi ?

VALÈRE

Que vous épousez Tartuffe.

MARIANE

Il est certain
Que mon père s'est mis en tête ce dessein.

VALÈRE

Votre père, Madame...

MARIANE

A changé de visée :
690 La chose vient par lui de m'être proposée.

---

1. *Madame :* titre qui se donnait aussi aux jeunes filles de bonne famille.

VALÈRE

Quoi ? sérieusement ?

MARIANE

Oui, sérieusement.
Il s'est pour cet hymen déclaré hautement[1].

VALÈRE

Et quel est le dessein où votre âme s'arrête,
Madame ?

MARIANE

Je ne sais.

VALÈRE

La réponse est honnête.
695 Vous ne savez ?

MARIANE

Non.

VALÈRE

Non ?

MARIANE

Que me conseillez-vous ?

VALÈRE

Je vous conseille, moi, de prendre cet époux.

MARIANE

Vous me le conseillez ?

VALÈRE

Oui.

MARIANE

Tout de bon ?

VALÈRE

Sans doute :
Le choix est glorieux, et vaut bien qu'on l'écoute.

---

1. *Hautement* : clairement.

MARIANE

Hé bien ! c'est un conseil, Monsieur, que je reçois.

VALÈRE

700 Vous n'aurez pas grand-peine à le suivre, je crois.

MARIANE

Pas plus qu'à le donner en a souffert votre âme.

VALÈRE

Moi, je vous l'ai donné pour vous plaire, Madame.

MARIANE

Et moi, je le suivrai pour vous faire plaisir.

DORINE

Voyons ce qui pourra de ceci réussir[1].

VALÈRE

705 C'est donc ainsi qu'on aime ? Et c'était tromperie
Quand vous...

MARIANE

      Ne parlons point de cela, je vous prie.
Vous m'avez dit tout franc que je dois accepter
Celui que pour époux on me veut présenter :
Et je déclare, moi, que je prétends le faire,
710 Puisque vous m'en donnez le conseil salutaire.

VALÈRE

Ne vous excusez point sur mes intentions[2].
Vous aviez pris déjà vos résolutions ;
Et vous vous saisissez d'un prétexte frivole
Pour vous autoriser à manquer de parole.

MARIANE

715 Il est vrai, c'est bien dit.

1. *Réussir* : résulter.
2. *Ne vous ... intentions* : ne prenez pas prétexte de mes intentions
pour vous excuser.

VALÈRE

Sans doute ; et votre cœur
N'a jamais eu pour moi de véritable ardeur.

MARIANE

Hélas ! permis à vous d'avoir cette pensée.

VALÈRE

Oui, oui, permis à moi ; mais mon âme offensée
Vous préviendra[1] peut-être en un pareil dessein ;
720 Et je sais où porter et mes vœux et ma main.

MARIANE

Ah ! je n'en doute point ; et les ardeurs qu'excite
Le mérite...

VALÈRE

Mon Dieu, laissons là le mérite :
J'en ai fort peu sans doute, et vous en faites foi.
Mais j'espère aux bontés qu'une autre aura pour moi,
725 Et j'en sais de qui l'âme, à ma retraite ouverte,
Consentira sans honte à réparer ma perte[2].

MARIANE

La perte n'est pas grande ; et de ce changement
Vous vous consolerez assez facilement.

VALÈRE

J'y ferai mon possible, et vous le pouvez croire.
730 Un cœur qui nous oublie engage notre gloire[3],
Il faut à l'oublier mettre aussi tous nos soins :
Si l'on n'en vient à bout, on le doit feindre au moins ;
Et cette lâcheté jamais ne se pardonne,
De montrer de l'amour pour qui nous abandonne.

MARIANE

735 Ce sentiment, sans doute, est noble et relevé.

---

1. *Préviendra* : devancera.
2. *Ma perte* : la perte de votre amour.
3. *Engage notre gloire* : compromet notre honneur.

VALÈRE

Fort bien ; et d'un chacun il doit être approuvé.
Hé quoi ? vous voudriez qu'à jamais dans mon âme
Je gardasse pour vous les ardeurs de ma flamme,
Et vous visse, à mes yeux, passer en d'autres bras,
740 Sans mettre ailleurs un cœur dont vous ne voulez pas ?

MARIANE

Au contraire : pour moi, c'est ce que je souhaite ;
Et je voudrais déjà que la chose fût faite.

VALÈRE

Vous le voudriez ?

MARIANE

Oui.

VALÈRE

C'est assez m'insulter,
Madame ; et de ce pas je vais vous contenter.
(Il fait un pas pour s'en aller et revient toujours.)

MARIANE

745 Fort bien.

VALÈRE

Souvenez-vous au moins que c'est vous-même
Qui contraignez mon cœur à cet effort extrême.

MARIANE

Oui.

VALÈRE

Et que le dessein que mon âme conçoit
N'est rien qu'à votre exemple.

MARIANE

À mon exemple, soit.

VALÈRE

Suffit : vous allez être à point nommé servie.

MARIANE

750 Tant mieux.

77

VALÈRE

Vous me voyez, c'est pour toute ma vie[1].

MARIANE

À la bonne heure.

VALÈRE. *Il s'en va, et, lorsqu'il est vers la porte,*
il se retourne.

Euh ?

MARIANE

Quoi ?

VALÈRE

Ne m'appelez-vous pas ?

MARIANE

Moi ? Vous rêvez.

VALÈRE

Hé bien ! je poursuis donc mes pas.

Adieu, Madame.

MARIANE

Adieu, Monsieur.

DORINE

Pour moi, je pense

Que vous perdez l'esprit par cette extravagance :
755 Et je vous ai laissé tout du long quereller,
Pour voir où tout cela pourrait enfin aller.
Holà ! seigneur Valère.

(Elle va l'arrêter par le bras, et lui fait mine de grande
résistance.)

VALÈRE

Hé ! que veux-tu, Dorine ?

DORINE

Venez ici.

---

1. *Toute ma vie :* la dernière fois de ma vie.

VALÈRE

Non, non, le dépit me domine.
Ne me détourne point de ce qu'elle a voulu.

DORINE

760 Arrêtez.

VALÈRE

Non, vois-tu ? c'est un point résolu.

DORINE

Ah !

MARIANE

Il souffre à me voir, ma présence le chasse,
Et je ferai bien mieux de lui quitter[1] la place.

DORINE. *Elle quitte Valère et court à Mariane.*
À l'autre. Où courez-vous ?

MARIANE

Laisse.

DORINE

Il faut revenir.

MARIANE

Non, non, Dorine ; en vain tu veux me retenir.

VALÈRE

765 Je vois bien que ma vue est pour elle un supplice,
Et sans doute il vaut mieux que je l'en affranchisse.

DORINE. *Elle quitte Mariane et court à Valère.*
Encor ? Diantre soit fait de vous si je le veux[2] !
Cessez ce badinage[3], et venez çà[4] tous deux.

(Elle les tire l'un et l'autre.)

---

1. *Quitter :* laisser.
2. *Diantre ... le veux :* que le diable vous emporte si je vous laisse partir.
3. *Badinage :* jeu stupide.
4. *Çà :* ici.

VALÈRE

Mais quel est ton dessein ?

MARIANE

Qu'est-ce que tu veux faire ?

DORINE

770 Vous bien remettre ensemble, et vous tirer d'affaire.
Êtes-vous fou d'avoir un pareil démêlé ?

VALÈRE

N'as-tu pas entendu comme elle m'a parlé ?

DORINE

Êtes-vous folle, vous, de vous être emportée ?

MARIANE

N'as-tu pas vu la chose, et comme il m'a traitée ?

DORINE

775 Sottise des deux parts. Elle n'a d'autre soin
Que de se conserver à vous, j'en suis témoin.
Il n'aime que vous seule, et n'a point d'autre envie
Que d'être votre époux ; j'en réponds sur ma vie.

MARIANE

Pourquoi donc me donner un semblable conseil ?

VALÈRE

780 Pourquoi m'en demander sur un sujet pareil ?

DORINE

Vous êtes fous tous deux. Çà, la main l'un et l'autre.
Allons, vous.

VALÈRE, *en donnant sa main à Dorine.*

À quoi bon ma main ?

DORINE

Ah ! çà, la vôtre.

MARIANE, *en donnant aussi sa main.*

De quoi sert tout cela ?

DORINE

Mon Dieu ! vite, avancez.
Vous vous aimez tous deux plus que vous ne pensez.

VALÈRE

785 Mais ne faites donc point les choses avec peine,
Et regardez un peu les gens sans nulle haine.

(Mariane tourne l'œil sur Valère et fait un petit souris[1].)

DORINE

À vous dire le vrai, les amants sont bien fous !

VALÈRE

Ho çà, n'ai-je pas lieu de me plaindre de vous ?
Et pour n'en point mentir, n'êtes-vous pas méchante
790 De vous plaire à me dire une chose affligeante ?

MARIANE

Mais vous, n'êtes-vous pas l'homme le plus ingrat... ?

DORINE

Pour une autre saison laissons tout ce débat,
Et songeons à parer ce fâcheux mariage.

MARIANE

Dis-nous donc quels ressorts il faut mettre en usage.

DORINE

795 Nous en ferons agir de toutes les façons.
Votre père se moque, et ce sont des chansons ;
Mais pour vous[2], il vaut mieux qu'à son extravagance
D'un doux consentement vous prêtiez l'apparence,
Afin qu'en cas d'alarme il vous soit plus aisé
800 De tirer en longueur[3] cet hymen proposé.
En attrapant du temps, à tout on remédie.
Tantôt vous payerez de[4] quelque maladie,
Qui viendra tout à coup et voudra des délais ;
Tantôt vous payerez de présages mauvais :
805 Vous aurez fait d'un mort la rencontre fâcheuse,

---

1. *Souris* : sourire.
2. *Vous* : Mariane.
3. *Tirer en longueur* : différer, remettre à plus tard.
4. *Payerez de* : prétexterez.

Cassé quelque miroir, ou songé[1] d'eau bourbeuse.
Enfin le bon de tout, c'est qu'à d'autres qu'à lui
On ne vous peut lier, que[2] vous ne disiez « oui ».
Mais pour mieux réussir, il est bon, ce me semble,
810 Qu'on ne vous trouve point tous deux parlant ensemble.

(À Valère.)

Sortez, et sans tarder employez vos amis,
Pour vous faire tenir[3] ce qu'on vous a promis.
Nous allons réveiller les efforts de son frère,
Et dans notre parti jeter la belle-mère[4].
815 Adieu.

VALÈRE, *à Mariane.*

Quelques efforts que nous préparions tous,
Ma plus grande espérance, à vrai dire, est en vous.

MARIANE, *à Valère.*

Je ne vous réponds pas des volontés d'un père ;
Mais je ne serai point à d'autre qu'à Valère.

VALÈRE

Que vous me comblez d'aise ! Et quoi que puisse oser...

DORINE

820 Ah ! jamais les amants ne sont las de jaser.
Sortez, vous dis-je.

VALÈRE. *Il fait un pas et revient.*

Enfin...

DORINE

Quel caquet est le vôtre !

(Les poussant chacun par l'épaule.)

Tirez de cette part[5] ; et vous, tirez de l'autre.

---

1. *Songé* : rêvé.
2. *Que* : sans que.
3. *Tenir* : obtenir.
4. *Belle-mère* : Elmire.
5. *Tirez de cette part* : sortez de ce côté.

Sur l'ensemble de l'acte II

1. L'acte II est un acte contesté : on lui reproche d'être extérieur à l'action, d'être « hors d'œuvre ». Il est pourtant utile :

a) à l'intrigue. Montrez que l'interrogation sur laquelle se terminait le premier acte reçoit ici sa réponse, et que cette réponse conditionne la suite de la pièce. Connaissez-vous d'autres pièces de Molière dont l'intrigue repose sur un schéma analogue ?

b) à la connaissance des personnages. N'y a-t-il pas chez Orgon (comme chez son maître Tartuffe) des contradictions entre son comportement et la dévotion qu'il professe ? Pourquoi veut-il que sa fille épouse Tartuffe ?

Concernant ce dernier, deux types de renseignements viennent compléter ce que nous savions déjà : comment se le représente-t-on physiquement ? Quelle est son origine sociale ?

2. Cependant, il est vrai que l'action n'avance guère : le problème du mariage avec Tartuffe est posé, mais reçoit-il un commencement de solution ? Examinez les solutions envisagées par Mariane (vers 614) et par Dorine (vers 795-814) : quel est leur avenir ?

3. Dans une intrigue plutôt sombre, l'acte II a surtout pour but de procurer un divertissement. Étudiez les différentes formes de comique que suscite Dorine dans ses rapports avec Orgon, Mariane seule, Mariane et Valère.

4. En quoi la scène de dépit amoureux (sc. 4) constitue-t-elle une comédie dans la comédie ? Analysez son rythme, stylisé comme celui d'un ballet : ballet des répliques, symétriques dans leur forme et dans leur signification, ballet des déplacements, etc. Connaissez-vous des scènes analogues dans d'autres pièces de Molière ? Lesquelles ?

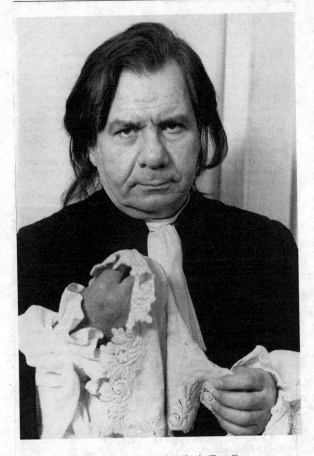

Michel Galabru dans le rôle de Tartuffe.
Adaptation télévisée réalisée par Jean Pignol, 1980.

Acte III

SCÈNE PREMIÈRE. DAMIS, DORINE.

DAMIS

Que la foudre sur l'heure achève mes destins,
Qu'on me traite partout du plus grand des faquins[1],
825 S'il est aucun respect ni pouvoir qui m'arrête,
Et si je ne fais pas quelque coup de ma tête !

DORINE

De grâce, modérez un tel emportement :
Votre père n'a fait qu'en parler simplement.
On n'exécute pas tout ce qui se propose,
830 Et le chemin est long du projet à la chose.

DAMIS

Il faut que de ce fat j'arrête les complots,
Et qu'à l'oreille un peu je lui dise deux mots.

DORINE

Ha ! tout doux ! Envers lui, comme envers votre père,
Laissez agir les soins de votre belle-mère.
835 Sur l'esprit de Tartuffe elle a quelque crédit ;
Il se rend complaisant à tout ce qu'elle dit,
Et pourrait bien avoir douceur de cœur pour elle.
Plût à Dieu qu'il[2] fût vrai ! la chose serait belle.
Enfin votre intérêt l'oblige à le mander[3] ;
840 Sur l'hymen qui vous veut le sonder,
Savoir ses sentiments, et lui faire connaître
Quels fâcheux démêlés il pourra faire naître,
S'il faut qu'à ce dessein il prête quelque espoir[4].

---

1. *Faquin :* individu méprisable.
2. *Il :* cela.
3. *Mander :* faire venir.
4. *S'il faut ... espoir :* s'il souhaite la réalisation de ce projet.

85

Son valet dit qu'il prie, et je n'ai pu le voir ;
845 Mais ce valet m'a dit qu'il s'en allait descendre.
Sortez donc, je vous prie, et me laissez l'attendre.

DAMIS

Je puis être présent à tout cet entretien.

DORINE

Point. Il faut qu'ils soient seuls.

DAMIS

                    Je ne lui dirai rien.

DORINE

Vous vous moquez : on sait vos transports ordinaires[1],
850 Et c'est le vrai moyen de gâter les affaires.
Sortez.

DAMIS

        Non : je veux voir, sans me mettre en courroux.

DORINE

Que vous êtes fâcheux ! Il vient. Retirez-vous.

SCÈNE 2.   TARTUFFE, LAURENT, DORINE.

TARTUFFE, *apercevant Dorine.*

Laurent, serrez[2] ma haire avec ma discipline[3],
Et priez que toujours le Ciel vous illumine.
855 Si l'on vient pour me voir, je vais aux prisonniers
Des aumônes que j'ai partager les deniers[4].

une masque (handwritten marginal note)

---

1. *Transports ordinaires :* emportements habituels.
2. *Serrez :* rangez.
3. *Haire ... discipline :* deux instruments de pénitence : la haire, une chemise en crin portée à même la peau, et la discipline, un petit fouet.
4. *Je vais ... deniers :* je vais partager avec les prisonniers les aumônes que j'ai collectées.

86

DORINE

Que d'affectation et de forfanterie[1] !

TARTUFFE

Que voulez-vous ?

DORINE

Vous dire...

TARTUFFE. *Il tire un mouchoir de sa poche.*

Ah ! mon Dieu, je vous prie,
Avant que de parler prenez-moi ce mouchoir.

DORINE

860 Comment ?

TARTUFFE

Couvrez ce sein que je ne saurais voir :
Par de pareils objets[2] les âmes sont blessées,
Et cela fait venir de coupables pensées.

DORINE

Vous êtes donc bien tendre à la tentation,
Et la chair sur vos sens fait grande impression ?
865 Certes je ne sais pas quelle chaleur vous monte :
Mais à convoiter, moi, je ne suis point si prompte,
Et je vous verrais nu du haut jusques en bas,
Que toute votre peau ne me tenterait pas.

TARTUFFE

Mettez dans vos discours un peu de modestie[3],
870 Ou je vais sur-le-champ vous quitter la partie[4].

DORINE

Non, non, c'est moi qui vais vous laisser en repos,
Et je n'ai seulement qu'à vous dire deux mots.
Madame va venir dans cette salle basse[5],
Et d'un mot d'entretien vous demande la grâce.

1. *Forfanterie :* parole de fanfaron, de vantard.
2. *Objets :* visions, vues.
3. *Modestie :* retenue, décence.
4. *Quitter la partie :* céder la place.
5. *Basse :* située au rez-de-chaussée.

TARTUFFE

875 Hélas ! très volontiers.

DORINE, *en soi-même.*

Comme il se radoucit !
Ma foi, je suis toujours pour ce que j'en ai dit.

TARTUFFE

Viendra-t-elle bientôt ?

DORINE

Je l'entends, ce me semble.
Oui, c'est elle en personne, et je vous laisse ensemble.

DORINE (Évelyne Ailhand). *Vous êtes donc bien tendre à la tentation.*
Et la chair sur vos sens fait grande impression ?
Tartuffe (Gérard Depardieu), mise en scène de Jacques Lassalle.
Théâtre national de Strasbourg, 1984.

Acte III Scène 2

L'APPARITION DE TARTUFFE

Tartuffe se montre-t-il à la hauteur de l'attente que les deux premiers actes ont suscitée ? Molière a pris toutes ses précautions pour ne pas nous laisser d'illusion sur le personnage : avant même que Tartuffe ait prononcé un mot, la didascalie (voir p. 197) « *apercevant Dorine* » ne ruine-t-elle pas l'effet qu'il espérait de ses paroles ? Quelles indications antérieures rendent peu crédibles les actions méritoires qu'il s'attribue ici ?

Appréciez la première réplique de Tartuffe en fonction de ce jugement de Pascal dans ses *Pensées* (édition Lafuma, fragment 643) : « Les belles actions cachées sont les plus estimables. »

LE CONTEXTE RELIGIEUX

Les vers 855-856 sont probablement une allusion à la Compagnie du Saint-Sacrement, dont les membres visitaient par charité les hôpitaux et les prisons. La Compagnie travaillait à l'amélioration du sort des détenus, notamment pour que les aumônes qui leur étaient destinées leur soient effectivement réparties.

La protestation contre la mode des décolletés, en revanche, n'apparaît pas spécifique de la Compagnie. La Bruyère s'en fera l'écho, sur le mode ironique, en 1688 : « Les femmes du pays précipitent le déclin de leur beauté par des artifices qu'elles croient servir à les rendre belles : leur coutume est de peindre leurs lèvres, leurs joues, leurs sourcils et leurs épaules, qu'elles étalent avec leur gorge, leurs bras et leurs oreilles, comme si elles craignaient de cacher l'endroit par où elles pourraient plaire, ou de ne pas se montrer assez » (*les Caractères*, « De la Cour », fragment 74).

SCÈNE 3.   ELMIRE, TARTUFFE.

TARTUFFE

Que le Ciel à jamais par sa toute bonté
880 Et de l'âme et du corps vous donne la santé,
Et bénisse vos jours autant que le désire
Le plus humble de ceux que son amour inspire.

ELMIRE

Je suis fort obligée à ce souhait pieux.
Mais prenons une chaise, afin d'être un peu mieux.

TARTUFFE

885 Comment de votre mal vous sentez-vous remise ?

ELMIRE

Fort bien ; et cette fièvre a bientôt quitté prise.

TARTUFFE

Mes prières n'ont pas le mérite qu'il faut
Pour avoir attiré cette grâce d'en haut ;
Mais je n'ai fait au Ciel nulle dévote instance[1]
890 Qui n'ait eu pour objet votre convalescence.

ELMIRE

Votre zèle pour moi s'est trop inquiété.

TARTUFFE

On ne peut trop chérir votre chère santé,
Et pour la rétablir j'aurais donné la mienne.

ELMIRE

C'est pousser bien avant la charité chrétienne,
895 Et je vous dois beaucoup pour toutes ces bontés.

TARTUFFE

Je fais bien moins pour vous que vous ne méritez.

---

1. *Instance :* prière pressante.

TARTUFFE (Fernand Ledoux). *Et je ne veux aussi pour grâce singulière*
Que montrer à vos yeux mon âme tout entière.
Avec Jeanne Moreau dans le rôle d'Elmire,
la Comédie-Française, 1950.

91

ELMIRE

J'ai voulu vous parler en secret d'une affaire,
Et suis bien aise ici qu'aucun ne nous éclaire[1].

TARTUFFE

J'en suis ravi de même, et sans doute il m'est doux,
900 Madame, de me voir seul à seul avec vous :
C'est une occasion qu'au Ciel j'ai demandée,
Sans que jusqu'à cette heure il me l'ait accordée.

ELMIRE

Pour moi, ce que je veux, c'est un mot d'entretien,
Où tout votre cœur s'ouvre et ne me cache rien.

TARTUFFE

905 Et je ne veux aussi pour grâce singulière
Que montrer à vos yeux mon âme tout entière,
Et vous faire serment que les bruits[2] que j'ai faits
Des visites qu'ici reçoivent vos attraits
Ne sont pas envers vous l'effet d'aucune haine,
910 Mais plutôt d'un transport de zèle qui m'entraîne,
Et d'un pur mouvement...

ELMIRE

Je le prends bien aussi,
Et crois que mon salut vous donne ce souci.

TARTUFFE. *Il lui serre le bout des doigts.*

Oui, Madame, sans doute, et ma ferveur est telle...

ELMIRE

Ouf ! vous me serrez trop.

TARTUFFE

C'est par excès de zèle.
915 De vous faire aucun mal je n'eus jamais dessein,
Et j'aurais bien plutôt...

(Il lui met la main sur le genou.)

---

1. *Éclaire* : épie.
2. *Bruits* : critiques.

92

ELMIRE

Que fait là votre main ?

TARTUFFE

Je tâte votre habit : l'étoffe en est moelleuse.

ELMIRE

Ah ! de grâce, laissez, je suis fort chatouilleuse.

(Elle recule sa chaise, et Tartuffe rapproche la sienne.)

TARTUFFE

Mon Dieu ! que de ce point[1] l'ouvrage est merveilleux !
920 On travaille aujourd'hui d'un air[2] miraculeux ;
Jamais, en toute chose, on n'a vu si bien faire.

ELMIRE

Il est vrai. Mais parlons un peu de notre affaire.
On tient[3] que mon mari veut dégager sa foi[4],
Et vous donner sa fille. Est-il vrai, dites-moi ?

TARTUFFE

925 Il m'en a dit deux mots ; mais, Madame, à vrai dire,
Ce n'est pas le bonheur après quoi je soupire ;
Et je vois autre part les merveilleux attraits
De la félicité qui fait tous mes souhaits.

ELMIRE

C'est que vous n'aimez rien des choses de la terre.

TARTUFFE

930 Mon sein n'enferme pas un cœur qui soit de pierre.

ELMIRE

Pour moi, je crois qu'au Ciel tendent tous vos soupirs,
Et que rien ici-bas n'arrête vos désirs.

TARTUFFE

L'amour qui nous attache aux beautés éternelles
N'étouffe pas en nous l'amour des temporelles ;

---

1. *Point* : dentelle.
2. *D'un air* : d'une manière.
3. *Tient* : prétend.
4. *Dégager sa foi* : revenir sur sa parole.

93

935 Nos sens facilement peuvent être charmés
Des ouvrages parfaits que le Ciel a formés.
Ses attraits réfléchis brillent dans vos pareilles[1] ;
Mais il étale en vous ses plus rares merveilles :
Il a sur votre face épanché des beautés
940 Dont les yeux sont surpris, et les cœurs transportés,
Et je n'ai pu vous voir, parfaite créature,
Sans admirer en vous l'auteur de la nature,
Et d'une ardente amour sentir mon cœur atteint,
Au[2] plus beau des portraits où lui-même il s'est peint.
945 D'abord j'appréhendai que cette ardeur secrète
Ne fût du noir esprit[3] une surprise adroite[4] ;
Et même à fuir vos yeux mon cœur se résolut,
Vous croyant un obstacle à faire mon salut.
Mais enfin je connus[5], ô beauté toute aimable,
950 Que cette passion peut n'être point coupable,
Que je puis l'ajuster avecque la pudeur,
Et c'est ce qui m'y fait abandonner mon cœur.
Ce m'est, je le confesse, une audace bien grande
Que d'oser de ce cœur vous adresser l'offrande ;
955 Mais j'attends en mes vœux tout de votre bonté,
Et rien des vains efforts de mon infirmité[6],
En vous est mon espoir, mon bien, ma quiétude,
De vous dépend ma peine ou ma béatitude,
Et je vais être enfin, par votre seul arrêt,
960 Heureux, si vous voulez, malheureux, s'il vous plaît.

ELMIRE

La déclaration est tout à fait galante,
Mais elle est, à vrai dire, un peu bien surprenante.

---

1. *Ses attraits... pareilles :* les beautés du Ciel se reflètent dans les femmes.
2. *Au :* devant le.
3. *Noir esprit :* diable.
4. *Surprise adroite :* un piège ; adroite se prononçait adrète et pouvait donc rimer avec secrète.
5. *Connus :* reconnus.
6. *Infirmité :* faiblesse.

Vous deviez[1], ce me semble, armer mieux votre sein[2],
Et raisonner un peu sur un pareil dessein.
965 Un dévot comme vous, et que partout on nomme...

TARTUFFE

Ah ! pour être dévot, je n'en suis pas moins homme ;
Et lorsqu'on vient à voir vos célestes appas,
Un cœur se laisse prendre, et ne raisonne pas.
Je sais qu'un tel discours de moi paraît étrange ;
970 Mais, Madame, après tout, je ne suis pas un ange ;
Et si vous condamnez l'aveu que je vous fais,
Vous devez vous en prendre à vos charmants attraits.
Dès que j'en vis briller la splendeur plus qu'humaine,
De mon intérieur[3] vous fûtes souveraine ;
975 De vos regards divins l'ineffable douceur
Força la résistance où s'obstinait mon cœur ;
Elle surmonta tout, jeûnes, prières, larmes,
Et tourna tous mes vœux du côté de vos charmes.
Mes yeux et mes soupirs vous l'ont dit mille fois,
980 Et pour mieux m'expliquer j'emploie ici la voix.
Que si vous contemplez d'une âme un peu bénigne[4]
Les tribulations de votre esclave indigne,
S'il faut que vos bontés veuillent me consoler
Et jusqu'à mon néant daignent se ravaler,
985 J'aurai toujours pour vous, ô suave merveille,
Une dévotion à nulle autre pareille.
Votre honneur avec moi ne court point de hasard[5],
Et n'a nulle disgrâce à craindre de ma part.
Tous ces galants de cour, dont les femmes sont folles,
990 Sont bruyants dans leurs faits et vains[6] dans leurs paroles,
De leurs progrès sans cesse on les voit se targuer ;

---

1. *Deviez* : auriez dû.
2. *Sein* : ici, cœur.
3. *Mon intérieur* : mon âme.
4. *Bénigne* : favorable, bienveillante.
5. *De hasard* : de risques.
6. *Vains* : vaniteux.

95

Ils n'ont point de faveurs qu'ils n'aillent divulguer,
Et leur langue indiscrète, en qui l'on se confie,
Déshonore l'autel[1] où leur cœur sacrifie.
995 Mais les gens comme nous brûlent d'un feu discret,
Avec qui pour toujours on est sûr du secret :
Le soin que nous prenons de notre renommée
Répond de toute chose à la personne aimée,
Et c'est en nous qu'on trouve, acceptant notre cœur,
1 000 De l'amour sans scandale et du plaisir sans peur.

ELMIRE

Je vous écoute dire, et votre rhétorique
En termes assez forts à mon âme s'explique.
N'appréhendez-vous point que je ne sois d'humeur
À dire à mon mari cette galante ardeur,
1005 Et que le prompt avis[2] d'un amour de la sorte
Ne pût bien altérer l'amitié qu'il vous porte ?

TARTUFFE

Je sais que vous avez trop de bénignité
Et que vous ferez grâce à ma témérité,
Que vous m'excuserez sur l'humaine faiblesse
1010 Des violents transports d'un amour qui vous blesse,
Et considérerez, en regardant votre air,
Que l'on n'est pas aveugle, et qu'un homme est de chair.

ELMIRE

D'autres prendraient cela d'autre façon peut-être ;
Mais ma discrétion se veut faire paraître.
1015 Je ne redirai point l'affaire à mon époux ;
Mais je veux en revanche une chose de vous :
C'est de presser tout franc et sans nulle chicane
L'union de Valère avecque Mariane,
De renoncer vous-même à l'injuste pouvoir
1020 Qui veut du bien d'un autre enrichir votre espoir,
Et...

Elle fait chanter (blackmail)

---

1. *Autel* : l'amour ou la femme aimée (sens métaphorique).
2. *Avis* : nouvelle.

96

Acte III Scène 3

LA SCÈNE CENTRALE

1. La scène 3 de l'acte III est la scène centrale de l'acte central. Cherchez dans ce qui la précède les indications d'un possible penchant de Tartuffe pour Elmire. Quel était au départ le but de l'entrevue ? Ce but est-il atteint à la fin de la scène ?

2. Montrez que l'attitude d'Elmire est à la fois digne et habile.

TARTUFFE

3. Comparez la conduite de Tartuffe dans cette scène avec celle qu'il avait adoptée dans la scène précédente devant Dorine. Qu'en déduire ?

4. Tartuffe, jusqu'à présent, n'a fait que recevoir (l'hospitalité, l'offre de la main de Mariane), maintenant il veut prendre : le monstre pour la première fois se met en chasse.
a) Analysez ses deux tirades séductrices (vers 933-960 et 966-1000) : montrez qu'Elmire est présentée dans la première tirade comme un moyen d'accès à Dieu et, dans la seconde, comme une véritable déesse.
b) Dans quelle tradition philosophique et religieuse la beauté des créatures est-elle considérée comme un reflet de Dieu et un chemin vers lui ? Dans quelle tradition littéraire la femme aimée est-elle chantée comme une divinité ?
c) Tartuffe, dans sa déclaration, apparaît-il comme un individu unique ou comme le représentant d'un clan, d'une coterie ?

LES FORMES DU COMIQUE

5. Quels sont les éléments du texte qui relèvent du comique de geste (la poursuite), du comique de situation (la scène aboutit à un retournement) et du comique de caractère (le dévot galant) ?

6. Relevez les termes du vocabulaire religieux et indiquez le détournement de sens que Tartuffe leur fait subir.

SCÈNE 4. DAMIS, ELMIRE, TARTUFFE.

DAMIS, *sortant du petit cabinet où il s'était retiré.*
Non, Madame, non : ceci doit se répandre.
J'étais en cet endroit, d'où j'ai pu tout entendre ;
Et la bonté du Ciel m'y semble avoir conduit
Pour confondre[1] l'orgueil d'un traître qui me nuit,
1025 Pour m'ouvrir une voie à[2] prendre la vengeance
De son hypocrisie et de son insolence,
À détromper mon père, et lui mettre en plein jour
L'âme d'un scélérat qui vous parle d'amour.

ELMIRE
Non, Damis : il suffit qu'il se rende plus sage,
1030 Et tâche à mériter la grâce où je m'engage[3].
Puisque je l'ai promis, ne m'en dédites pas.
Ce n'est point mon humeur de faire des éclats :
Une femme se rit de sottises pareilles,
Et jamais d'un mari n'en trouble les oreilles.

DAMIS
1035 Vous avez vos raisons pour en user ainsi,
Et pour faire autrement j'ai les miennes aussi.
Le vouloir épargner est une raillerie ;
Et l'insolent orgueil de sa cagoterie
N'a triomphé que trop de mon juste courroux,
1040 Et que trop excité de désordre chez nous.
Le fourbe trop longtemps a gouverné mon père,
Et desservi mes feux avec ceux de Valère.
Il faut que du perfide il soit désabusé[4],
Et le Ciel pour cela m'offre un moyen aisé.
1045 De cette occasion je lui suis redevable,

---

1. *Confondre :* dénoncer.
2. *M'ouvrir une voie à :* me donner le moyen de.
3. *Grâce où je m'engage :* pardon que je lui promets.
4. *Désabusé :* détrompé.

Et pour la négliger, elle est trop favorable :
Ce serait mériter qu'il me la vînt ravir
Que de l'avoir en main et ne m'en pas servir.

ELMIRE

Damis...

DAMIS

    Non, s'il vous plaît, il faut que je me croie[1].
1050 Mon âme est maintenant au comble de sa joie ;
Et vos discours en vain prétendent m'obliger
À quitter le plaisir de me pouvoir venger.
Sans aller plus avant, je vais vuider[2] d'affaire ;
Et voici justement de quoi me satisfaire.

SCÈNE 5. ORGON, DAMIS, TARTUFFE, ELMIRE.

DAMIS

1055 Nous allons régaler, mon père, votre abord[3]
D'un incident tout frais qui vous surprendra fort.
Vous êtes bien payé de toutes vos caresses[4],
Et monsieur d'un beau prix reconnaît vos tendresses.
Son grand zèle pour vous vient de se déclarer.
1060 Il ne va pas à moins qu'à vous déshonorer,
Et je l'ai surpris là qui faisait à madame
L'injurieux aveu d'une coupable flamme.
Elle est d'une humeur douce, et son cœur trop discret
Voulait à toute force en garder le secret ;
1065 Mais je ne puis flatter[5] une telle impudence
Et crois que vous la taire est vous faire une offense.

---

1. *Que je me croie* : que j'en fasse à ma tête.
2. *Vuider* : liquider.
3. *Abord* : arrivée, venue.
4. *Caresses* : marques d'amitié.
5. *Flatter* : excuser.

ELMIRE

Oui, je tiens que jamais de tous ces vains propos
On ne doit d'un mari traverser[1] le repos ;
Que ce n'est point de là que l'honneur peut dépendre,
1070 Et qu'il suffit pour nous de savoir nous défendre.
Ce sont mes sentiments ; et vous n'auriez rien dit,
Damis, si j'avais eu sur vous quelque crédit.

SCÈNE 6. ORGON, DAMIS, TARTUFFE.

ORGON

Ce que je viens d'entendre, ô Ciel ! est-il croyable ?

TARTUFFE

Oui, mon frère, je suis un méchant, un coupable.
1075 Un malheureux pécheur tout plein d'iniquité[2],
Le plus grand scélérat qui jamais ait été.
Chaque instant de ma vie est chargé de souillures[3] ;
Elle n'est qu'un amas de crimes et d'ordures[4],
Et je vois que le Ciel, pour ma punition,
1080 Me veut mortifier[5] en cette occasion.
De quelque grand forfait qu'on me puisse reprendre,
Je n'ai garde d'avoir l'orgueil de m'en défendre.
Croyez ce qu'on vous dit, armez votre courroux,
Et comme un criminel chassez-moi de chez vous.
1085 Je ne saurais avoir tant de honte en partage
Que je n'en aie encor mérité davantage.

---

1. *Traverser :* troubler.
2. *Plein d'iniquité :* immoral.
3. *Souillures :* péchés.
4. *Ordures :* dépravations.
5. *Mortifier :* voir p. 198.

ORGON, *à son fils.*

Ah ! traître, oses-tu bien, par cette fausseté,
Vouloir de sa vertu ternir la pureté ?

DAMIS

Quoi ! la feinte douceur de cette âme hypocrite
1090 Vous fera démentir...

ORGON

Tais-toi, peste maudite !

TARTUFFE

Ah ! laissez-le parler ; vous l'accusez à tort,
Et vous ferez bien mieux de croire à son rapport.
Pourquoi sur un tel fait m'être si favorable ?
Savez-vous, après tout, de quoi je suis capable ?
1095 Vous fiez-vous, mon frère, à mon extérieur ?
Et, pour tout ce qu'on voit, me croyez-vous meilleur ?
Non, non, vous vous laissez tromper à l'apparence,
Et je ne suis rien moins, hélas ! que ce qu'on pense.
Tout le monde me prend pour un homme de bien ;
1100 Mais la vérité pure est que je ne vaux rien.
(*S'adressant à Damis.*)
Oui, mon cher fils, parlez, traitez-moi de perfide,
D'infâme, de perdu[1], de voleur, d'homicide ;
Accablez-moi de noms encor plus détestés ;
Je n'y contredis point, je les ai mérités,
1105 Et j'en veux à genoux souffrir l'ignominie,
Comme une honte due aux crimes de ma vie.

ORGON, *à Tartuffe.*

Mon frère, c'en est trop.
(*À son fils.*)
Ton cœur ne se rend point,
Traître ?

DAMIS

Quoi ! ses discours vous séduiront[2] au point...

---

1. *Perdu* : sans morale.
2. *Séduiront* : tromperont.

101

ORGON

Tais-toi, pendard !

(À Tartuffe.)
Mon frère, eh ! levez-vous, de grâce.

(À son fils.)
1110 Infâme !

DAMIS

Il peut...

ORGON

Tais-toi.

DAMIS

J'enrage ! Quoi ! je passe...

ORGON

Si tu dis un seul mot, je te romprai les bras.

TARTUFFE

Mon frère, au nom de Dieu, ne vous emportez pas.
J'aimerais mieux souffrir la peine la plus dure
Qu'il eût reçu pour moi la moindre égratignure.

ORGON, *à son fils.*

1115 Ingrat !

TARTUFFE

Laissez-le en paix. S'il faut à deux genoux
Vous demander sa grâce...

ORGON, *à Tartuffe.*

Hélas ! vous moquez-vous ?

(À son fils.)
Coquin, vois sa bonté.

DAMIS

Donc...

ORGON

Paix !

DAMIS

Quoi, je...

ORGON

Paix, dis-je !
Je sais bien quel motif à l'attaquer t'oblige.
Vous le haïssez tous, et je vois aujourd'hui
1120 Femme, enfants et valets déchaînés contre lui.
On met impudemment toute chose en usage
Pour ôter de chez moi ce dévot personnage ;
Mais plus on fait d'efforts afin de l'en bannir,
Plus j'en veux employer à l'y mieux retenir,
1125 Et je vais me hâter de lui donner ma fille
Pour confondre l'orgueil de toute ma famille.

DAMIS

À recevoir sa main on pense l'obliger ?

ORGON

Oui, traître, et dès ce soir, pour vous faire enrager.
Ah ! je vous brave tous et vous ferai connaître
1130 Qu'il faut qu'on m'obéisse et que je suis le maître.
Allons, qu'on se rétracte, et qu'à l'instant, fripon,
On se jette à ses pieds pour demander pardon.

Il veut réaffirmer sa pouvoir.

DAMIS

Qui, moi ? de ce coquin qui par ses impostures...

ORGON

Ah ! tu résistes, gueux[1], et lui dis des injures ?
1135 Un bâton, un bâton !
                    (À Tartuffe.)
                    Ne me retenez pas.
(À son fils.)
Sus, que de ma maison on sorte de ce pas,
Et que d'y revenir on n'ait jamais l'audace.

DAMIS

Oui, je sortirai, mais...

---

1. *Gueux :* être méprisable.

ORGON

Vite, quittons la place.
Je te prive, pendard, de ma succession
1140 Et te donne, de plus, ma malédiction.

SCÈNE 7.   ORGON, TARTUFFE.

ORGON

Offenser de la sorte une sainte personne !

TARTUFFE

Ô Ciel ! pardonne-lui la douleur qu'il me donne.
(À Orgon.)
Si vous pouviez savoir avec quel déplaisir
Je vois qu'envers mon frère on tâche à me noircir...

ORGON

1145 Hélas !

TARTUFFE

Le seul penser[1] de cette ingratitude
Fait souffrir à mon âme un supplice si rude...
L'horreur que j'en conçois... J'ai le cœur si serré
Que je ne puis parler et crois que j'en mourrai.

ORGON, *il court tout en larmes*
à la porte par où il a chassé son fils.

Coquin ! je me repens que ma main t'ait fait grâce,
1150 Et ne t'ait pas d'abord[2] assommé sur la place.
Remettez-vous, mon frère, et ne vous fâchez pas.

TARTUFFE

Rompons, rompons le cours de ces fâcheux débats.
Je regarde céans quels grands troubles j'apporte
Et crois qu'il est besoin, mon frère, que j'en sorte.

---

1. *Le seul penser* : la seule pensée.
2. *D'abord* : tout de suite.

ORGON

1155 Comment ? Vous moquez-vous ?

TARTUFFE

On m'y hait, et je voi
Qu'on cherche à vous donner des soupçons de ma foi.

ORGON

Qu'importe ! Voyez-vous que mon cœur les écoute ?

TARTUFFE

On ne manquera pas de poursuivre, sans doute ;
Et ces mêmes rapports, qu'ici vous rejetez,
1160 Peut-être une autre fois seront-ils écoutés.

ORGON

Non, mon frère, jamais.

TARTUFFE

Ah ! mon frère, une femme
Aisément d'un mari peut bien surprendre[1] l'âme.

ORGON

Non, non.

TARTUFFE

Laissez-moi vite, en m'éloignant d'ici,
Leur ôter tout sujet de m'attaquer ainsi.

ORGON

1165 Non, vous demeurerez, il y va de ma vie.

TARTUFFE

Hé bien, il faudra donc que je me mortifie.
Pourtant, si vous vouliez...

ORGON

Ah !

TARTUFFE

Soit, n'en parlons plus.
Mais je sais comme il faut en user là-dessus.

---

1. *Surprendre :* tromper.

L'honneur est délicat, et l'amitié m'engage
1170 À prévenir les bruits et les sujets d'ombrage :
Je fuirai votre épouse et vous ne me verrez...

ORGON

Non, en dépit de tous, vous la fréquenterez.
Faire enrager le monde est ma plus grande joie,

TARTUFFE (Michel Auclair). ... *J'ai le cœur si serré*
Que je ne puis parler et crois que j'en mourrai.
Avec Jacques Debarry (Orgon). Mise en scène de Roger Planchon,
Théâtre de l'Odéon, 1964.

106

Et je veux qu'à toute heure avec elle on vous voie.
1175 Ce n'est pas tout encor : pour les mieux braver tous,
Je ne veux pas avoir d'autre héritier que vous,
Et je vais de ce pas, en fort bonne manière,
Vous faire de mon bien donation entière.
Un bon et franc ami, que pour gendre je prends,
1180 M'est bien plus cher que fils, que femme et que parents.
N'accepterez-vous pas ce que je vous propose ?

TARTUFFE

La volonté du ciel soit faite en toute chose !

ORGON

Le pauvre homme ! Allons vite en dresser un écrit,
Et que puisse l'envie[1] en crever de dépit !

_____

1. *L'envie :* les envieux.

Sur l'ensemble de l'acte III

L'acte II se terminait sur une note d'espoir : les amoureux étaient réconciliés et les plans échafaudés par Dorine devaient parer à la menace pesant sur Mariane. Mais, dans l'acte III, il faut affronter l'adversaire : pourquoi paraît-il si tard sur la scène, alors qu'il est le personnage principal, celui qui donne son nom à la pièce ?

Montrez que Tartuffe, à la fin de son entrevue avec Elmire, non seulement n'a rien gagné, mais se trouve prisonnier d'un chantage. Quel est l'incident qui va le délivrer ? Cet incident était-il imprévisible ?

Pour quelles raisons (psychologiques, mais surtout dramaturgiques) Elmire est-elle si modérée à l'égard de Tartuffe dans les scènes 4 et 5, et n'assiste-t-elle pas à la scène 6 ?

La scène 6 voit la situation, qui paraissait désespérée pour Tartuffe, se retourner en sa faveur. Comment arrive-t-il à se faire passer pour innocent tout en s'affirmant coupable ? Trouvez ici les seuls vers de la pièce où Tartuffe dit la vérité sur lui-même. Par quels procédés Molière réussit-il à maintenir cet épisode pénible dans le domaine de la comédie ?

Comparez la fin de l'acte III à la fin de l'acte II : quel succès ont rencontré les espérances de Dorine ? Quel est le résultat de l'intervention de Damis pour le camp anti-Tartuffe et pour la famille en général ? La précipitation de l'action (vers 1128) ne correspond-elle pas à une nécessité dramaturgique ? Tartuffe a-t-il, au cours de cet acte, révélé une faiblesse susceptible de compromettre sa victoire ?

Acte IV

SCÈNE PREMIÈRE. CLÉANTE, TARTUFFE.

CLÉANTE

1185 Oui, tout le monde en parle et, vous m'en pouvez croire,
L'éclat que fait ce bruit[1] n'est point à votre gloire ;
Et je vous ai trouvé, monsieur, fort à propos
Pour vous en dire net ma pensée en deux mots.
Je n'examine point à fond ce qu'on expose ;
1190 Je passe là-dessus et prends au pis la chose.
Supposons que Damis n'en ait pas bien usé,
Et que ce soit à tort qu'on vous ait accusé :
N'est-il pas d'un chrétien de pardonner l'offense
Et d'éteindre en son cœur tout désir de vengeance ?
1195 Et devez-vous souffrir, pour[2] votre démêlé,
Que du logis d'un père un fils soit exilé ?
Je vous le dis encore et parle avec franchise,
Il n'est petit ni grand qui ne s'en scandalise ;
Et, si vous m'en croyez, vous pacifierez tout
1200 Et ne pousserez point les affaires à bout.
Sacrifiez à Dieu toute votre colère,
Et remettez le fils en grâce avec le père.

TARTUFFE

Hélas ! je le voudrais, quant à moi, de bon cœur :
Je ne garde pour lui, monsieur, aucune aigreur ;
1205 Je lui pardonne tout, de rien je ne le blâme
Et je voudrais le servir du meilleur de mon âme ;
Mais l'intérêt du Ciel n'y saurait consentir,
Et, s'il rentre céans, c'est à moi d'en sortir.
Après son action, qui n'eut jamais d'égale,

---

1. *Bruit :* scandale.
2. *Pour :* à cause de.

1210 Le commerce[1] entre nous porterait du scandale :
Dieu sait ce que d'abord tout le monde en croirait ;
À pure politique[2] on me l'imputerait,
Et l'on dirait partout que, me sentant coupable,
Je feins pour qui m'accuse un zèle charitable ;
1215 Que mon cœur l'appréhende et veut le ménager
Pour le pouvoir sous main au silence engager[3].

CLÉANTE

Vous nous payez ici d'excuses colorées[4],
Et toutes vos raisons, monsieur, sont trop tirées[5] ;
Des intérêts du Ciel pourquoi vous chargez-vous ?
1220 Pour punir le coupable a-t-il besoin de nous ?
Laissez-lui, laissez-lui le soin de ses vengeances,
Ne songez qu'au pardon qu'il prescrit des offenses,
Et ne regardez point aux jugements humains
Quand vous suivez du Ciel les ordres souverains.
1225 Quoi ! le faible intérêt de ce qu'on pourra croire[6]
D'une bonne action empêchera la gloire ?
Non, non : faisons toujours ce que le Ciel prescrit,
Et d'aucun autre soin ne nous brouillons l'esprit.

TARTUFFE

Je vous ai déjà dit que mon cœur lui pardonne,
1230 Et c'est faire, Monsieur, ce que le Ciel ordonne ;
Mais après le scandale et l'affront d'aujourd'hui,
Le Ciel n'ordonne pas que je vive avec lui.

CLÉANTE

Et vous ordonne-t-il, Monsieur, d'ouvrir l'oreille
À ce qu'un pur caprice à son père conseille,

---

1. *Le commerce :* les relations.
2. *Politique :* calcul intéressé.
3. *Pour ... engager :* pour pouvoir secrètement l'engager à se taire.
4. *Excuses colorées :* beaux prétextes.
5. *Tirées :* familièrement, tirées par les cheveux.
6. *Le faible ... croire :* le souci mesquin du « qu'en-dira-t-on ».

1235   Et d'accepter le don qui vous est fait d'un bien
      Où[1] le droit vous oblige à ne prétendre rien ?

TARTUFFE

      Ceux qui me connaîtront n'auront pas la pensée
      Que ce soit un effet d'une âme intéressée.
      Tous les biens de ce monde ont pour moi peu d'appas,
1240   De leur éclat trompeur je ne m'éblouis pas ;
      Et si je me résous à recevoir du père
      Cette donation qu'il a voulu me faire,
      Ce n'est, à dire vrai, que parce que je crains
      Que tout ce bien ne tombe en de méchantes mains,
1245   Qu'il ne trouve des gens qui, l'ayant en partage,
      En fassent dans le monde un criminel usage,
      Et ne s'en servent pas, ainsi que j'ai dessein,
      Pour la gloire du Ciel et le bien du prochain.

CLÉANTE

      Hé, Monsieur, n'ayez point ces délicates[2] craintes,
1250   Qui d'un juste héritier peuvent causer les plaintes ;
      Souffrez, sans vous vouloir embarrasser de rien,
      Qu'il soit à ses périls possesseur de son bien ;
      Et songez qu'il vaut mieux encor qu'il en mésuse,
      Que si de l'en frustrer il faut qu'on vous accuse.
1255   J'admire[3] seulement que sans confusion
      Vous en ayez souffert la proposition ;
      Car enfin le vrai zèle a-t-il quelque maxime
      Qui montre à dépouiller l'héritier légitime ?
      Et s'il faut que le Ciel dans votre cœur ait mis
1260   Un invincible obstacle à vivre avec Damis,
      Ne vaudrait-il pas mieux qu'en personne discrète
      Vous fissiez de céans une honnête retraite,
      Que de souffrir ainsi, contre toute raison,

---

1. *Où* : sur lequel.
2. *Délicates* : excessivement scrupuleuses (ironique).
3. *J'admire* : je m'étonne.

Qu'on en chasse pour vous le fils de la maison ?
1265 Croyez-moi, c'est donner de votre prud'homie[1],
Monsieur...

TARTUFFE

Il est, Monsieur, trois heures et demie :
Certain devoir pieux me demande là-haut,
Et vous m'excuserez de vous quitter si tôt.

CLÉANTE

Ah !

SCÈNE 2. ELMIRE, MARIANE, DORINE,
CLÉANTE.

DORINE

De grâce, avec nous employez-vous pour elle,
1270 Monsieur : son âme souffre une douleur mortelle ;
Et l'accord que son père a conclu pour ce soir
La fait, à tous moments, entrer en désespoir.
Il va venir. Joignons nos efforts, je vous prie,
Et tâchons d'ébranler, de force ou d'industrie[2],
1275 Ce malheureux dessein qui nous a tous troublés.

---

1. *Prud'homie :* sagesse.
2. *D'industrie :* par adresse, par ruse.

SCÈNE 3. ORGON, ELMIRE, MARIANE, CLÉANTE, DORINE.

ORGON

Ha ! je me réjouis de vous voir assemblés :

(À Mariane.)

Je porte en ce contrat[1] de quoi vous faire rire,
Et vous savez déjà ce que cela veut dire.

MARIANE, *à genoux.*

Mon père, au nom du Ciel, qui connaît ma douleur,
1280 Et par tout ce qui peut émouvoir votre cœur,
Relâchez-vous un peu des droits de la naissance[2],
Et dispensez mes vœux de cette obéissance ;
Ne me réduisez point par cette dure loi
Jusqu'à me plaindre au Ciel de ce que je vous dois,
1285 Et cette vie, hélas ! que vous m'avez donnée,
Ne me la rendez pas, mon père, infortunée.
Si, contre un doux espoir que j'avais pu former,
Vous me défendez d'être à ce[3] que j'ose aimer,
Au moins, par vos bontés, qu'à vos genoux j'implore,
1290 Sauvez-moi du tourment d'être à ce que j'abhorre,
Et ne me portez point à quelque désespoir,
En vous servant sur moi de tout votre pouvoir.

ORGON, *se sentant attendrir.*

Allons, ferme, mon cœur, point de faiblesse humaine.

MARIANE

Vos tendresses pour lui ne me font point de peine ;
1295 Faites-les éclater, donnez-lui votre bien,
Et, si ce n'est assez, joignez-y tout le mien :

---

1. *Ce contrat :* le contrat de mariage de Tartuffe et Mariane.
2. *De la naissance :* d'un père sur ses enfants.
3. *Ce :* celui.

J'y consens de bon cœur, et je vous l'abandonne ;
Mais au moins n'allez pas jusques à ma personne,
Et souffrez qu'un couvent dans les austérités
1300 Use les tristes jours que le Ciel m'a comptés.

ORGON

Ah ! voilà justement de mes religieuses,
Lorsqu'un père combat leurs flammes amoureuses !
Debout ! Plus votre cœur répugne à l'accepter,
Plus ce sera pour vous matière à mériter :
1305 Mortifiez vos sens avec ce mariage,
Et ne me rompez pas la tête davantage

DORINE

Mais quoi... ?

ORGON

Taisez-vous, vous ; parlez à votre écot[1] ;
Je vous défends tout net d'oser dire un seul mot.

CLÉANTE

Si par quelque conseil vous souffrez qu'on réponde...

ORGON

1310 Mon frère, vos conseils sont les meilleurs du monde,
Ils sont bien raisonnés, et j'en fais un grand cas ;
Mais vous trouverez bon que je n'en use pas.

ELMIRE, *à son mari.*

À voir ce que je vois, je ne sais plus que dire,
Et votre aveuglement fait que je vous admire :
1315 C'est être bien coiffé, bien prévenu de lui[2],
Que de nous démentir sur le fait d'aujourd'hui.

ORGON

Je suis votre valet, et crois les apparences.
Pour mon fripon de fils je sais vos complaisances
Et vous avez eu peur de le désavouer

---

1. *Parlez à votre écot :* mêlez-vous de vos affaires.
2. *De lui :* en sa faveur.

114

1320 Du trait qu'à ce pauvre homme il a voulu jouer ;
Vous étiez trop tranquille enfin pour être crue
Et vous auriez paru d'autre manière émue.

ELMIRE

Est-ce qu'au simple aveu d'un amoureux transport
Il faut que notre honneur se gendarme si fort ?
1325 Et ne peut-on répondre à tout ce qui le touche
Que le feu dans les yeux et l'injure à la bouche ?
Pour moi, de tels propos je me ris simplement,
Et l'éclat là-dessus ne me plaît nullement ;
J'aime qu'avec douceur nous nous montrions sages,
1330 Et ne suis point du tout pour ces prudes sauvages
Dont l'honneur est armé de griffes et de dents,
Et veut au moindre mot dévisager[1] les gens :
Me préserve le Ciel d'une telle sagesse !
Je veux une vertu qui ne soit point diablesse,
1335 Et crois que d'un refus la discrète froideur
N'en est pas moins puissante à rebuter un cœur.

ORGON

Enfin je sais l'affaire et ne prends point le change[2].

ELMIRE

J'admire, encore un coup, cette faiblesse étrange.
Mais que me répondrait votre incrédulité
1340 Si je vous faisais voir qu'on vous dit vérité ?

ORGON

Voir ?

ELMIRE

Oui.

ORGON

Chansons.

---

1. *Dévisager* : défigurer.
2. *Ne ... change* : ne suis pas une fausse piste.

115

ELMIRE

         Mais quoi ? si je trouvais manière
De vous le faire voir avec pleine lumière ?

ORGON

Contes en l'air.

ELMIRE

         Quel homme ! Au moins répondez-moi
Je ne vous parle pas de nous ajouter foi ;
1345 Mais supposons ici que, d'un lieu qu'on peut prendre,
On vous fît clairement tout voir et tout entendre,
Que diriez-vous alors de votre homme de bien ?

ORGON

En ce cas, je dirais que... Je ne dirais rien,
Car cela ne se peut.

ELMIRE

         L'erreur trop longtemps dure,
1350 Et c'est trop condamner ma bouche[1] d'imposture.
Il faut que par plaisir[2], et sans aller plus loin,
De tout ce qu'on vous dit je vous fasse témoin.

ORGON

Soit : je vous prends au mot. Nous verrons votre adresse,
Et comment vous pourrez remplir cette promesse.

ELMIRE

1355 Faites-le-moi venir.

DORINE

         Son esprit est rusé,
Et peut-être à surprendre il sera malaisé.

ELMIRE

Non ; on est aisément dupé par ce qu'on aime.
Et l'amour-propre engage à se tromper soi-même.
Faites-le-moi descendre.

         (Parlant à Cléante et à Mariane.)
         Et vous, retirez-vous.

---

1. *Condamner ma bouche* : accuser mes propos.
2. *Par plaisir* : « pour éprouver » (Littré).

116

Acte IV Scène 3

LA SUPPLICATION DE MARIANE

Relevez (vers 1279-1300) les similitudes, mais aussi les écarts, entre ce texte qui appartient à une comédie et le passage suivant, tiré d'une tragédie grecque, l'*Iphigénie à Aulis* d'Euripide. Iphigénie s'adresse à son père, Agamemnon, qui vient d'accepter de la sacrifier aux dieux :

« Si j'avais, ô mon père, l'éloquence d'Orphée, si, par ma parole incantatoire, je pouvais persuader les rochers de me suivre et émouvoir qui je voudrais, ce serait là mon arme. Mais, en fait, je n'ai de science que mes larmes : je n'ai pas d'autre don. Tel un rameau de suppliant, j'entoure tes genoux de ce corps que, pour toi, ma mère a mis au monde : ne me fais pas périr avant la saison ! Il est si doux de jouir de la lumière du jour ! Ne me force pas à pénétrer dans le monde souterrain. C'est moi qui, la première, t'ai appelé « mon père », que, la première, tu as appelée ta fille ; c'est moi qui, la première, me suis assise sur tes genoux pour te couvrir de caresses et en être comblée en retour. Tu me disais : « Te verrais-je, mon enfant, heureuse au foyer d'un mari, dans une prospérité digne de moi ? » Et moi, je te répondais, suspendue à ton cou, te prenant par ce menton que touche maintenant ma main suppliante : « Et moi, mon père, que ferai-je pour toi ? Te recevrai-je, quand tu seras vieux, affectueusement et à bras ouverts dans mon palais, pour te remercier pour toute la peine que t'aura donnée mon éducation ? » Mais si je me souviens de ces propos, toi, tu les as oubliés, et tu veux me faire mourir ! »

Traduction de G. Bonneville, Bordas.

117

SCÈNE 4. ELMIRE, ORGON.

ELMIRE

1360 Approchons cette table, et vous mettez dessous.

ORGON

Comment ?

ELMIRE

Vous bien cacher est un point nécessaire.

ORGON

Pourquoi sous cette table ?

ELMIRE

Ah, mon Dieu ! laissez faire :
J'ai mon dessein en tête, et vous en jugerez.
Mettez-vous là, vous dis-je ; et quand vous y serez
1365 Gardez[1] qu'on ne vous voie et qu'on ne vous entende.

ORGON

Je confesse qu'ici ma complaisance est grande ;
Mais de votre entreprise il vous faut voir sortir.

ELMIRE

Vous n'aurez, que je crois[2], rien à me repartir[3].
(À son mari qui est sous la table.)
Au moins, je vais toucher une étrange matière[4] :
1370 Ne vous scandalisez en aucune manière.
Quoi que je puisse dire, il[5] doit m'être permis,
Et c'est pour vous convaincre, ainsi que j'ai promis.
Je vais par des douceurs, puisque j'y suis réduite,
Faire poser le masque à cette âme hypocrite,
1375 Flatter de son amour les désirs effrontés,

Elle explique les règles du jeu elle va porter une masque

---

1. *Gardez :* évitez.
2. *Que je crois :* à ce que je crois.
3. *Repartir :* répartir.
4. *Matière :* sujet de conversation.
5. *Il :* cela.

Et donner un champ libre à ses témérités.
Comme c'est pour vous seul, et pour mieux le confondre,
Que mon âme à ses vœux va feindre de répondre,
J'aurai lieu de cesser dès que vous vous rendrez[1],
1380 Et les choses n'iront que jusqu'où vous voudrez.
C'est à vous d'arrêter son ardeur insensée,
Quand vous croirez l'affaire assez avant poussée,
D'épargner votre femme, et de ne m'exposer
Qu'à ce qu'il vous faudra pour nous désabuser :
1385 Ce sont vos intérêts ; vous en serez le maître,
Et... L'on vient. Tenez-vous, et gardez de paraître.

SCÈNE 5. TARTUFFE, ELMIRE, ORGON.

TARTUFFE

On m'a dit qu'en ce lieu vous me vouliez parler.

ELMIRE

Oui. L'on a des secrets à vous y révéler.
Mais tirez cette porte avant qu'on vous les dise,
1390 Et regardez partout de crainte de surprise.
Une affaire pareille à celle de tantôt
N'est pas assurément ici ce qu'il nous faut.
Jamais il ne s'est vu de surprise de même[2] ;
Damis m'a fait pour vous une frayeur extrême,
1395 Et vous avez bien vu que j'ai fait mes efforts
Pour rompre son dessein et calmer ses transports.
Mon trouble, il est bien vrai, m'a si fort possédée,
Que de le démentir je n'ai point eu l'idée ;
Mais par-là, grâce au Ciel, tout a bien mieux été,
1400 Et les choses en sont dans plus de sûreté.
L'estime où l'on vous tient a dissipé l'orage,

1. *Vous vous rendrez :* vous serez convaincu.
2. *De même :* pareille.

TARTUFFE (Louis Jouvet). *Le scandale du monde est ce qui fait l'offense,*
Et ce n'est pas pécher que pécher en silence.
Monique Mélinand dans le rôle d'Elmire.
Mise en scène de Louis Jouvet. Théâtre de l'Athénée, 1950.

Et mon mari de vous ne peut prendre d'ombrage.
Pour mieux braver l'éclat des mauvais jugements,
Il veut que nous soyons ensemble à tous moments ;
1405 Et c'est par où[1] je puis, sans peur d'être blâmée,
Me trouver ici seule avec vous enfermée,
Et ce qui m'autorise à vous ouvrir un cœur
Un peu trop prompt peut-être à souffrir votre ardeur.

TARTUFFE

Ce langage à comprendre est assez difficile,
1410 Madame, et vous parliez tantôt d'un autre style.

ELMIRE

Ah ! si d'un tel refus vous êtes en courroux,
Que le cœur d'une femme est mal connu de vous !
Et que vous savez peu ce qu'il veut faire entendre
Lorsque si faiblement on le voit se défendre !
1415 Toujours notre pudeur combat dans ces moments
Ce qu'on peut nous donner de tendres sentiments[2].
Quelque raison qu'on trouve à l'amour qui nous dompte,
On trouve à l'avouer toujours un peu de honte ;
On s'en défend d'abord ; mais de l'air[3] qu'on s'y prend.
1420 On fait connaître assez que notre cœur se rend[4],
Qu'à nos vœux par honneur notre bouche s'oppose,
Et que de tels refus promettent toute chose.
C'est vous faire sans doute un assez libre aveu,
Et sur notre pudeur me ménager bien peu[5] ;
1425 Mais puisque la parole enfin en est lâchée,
À retenir Damis me serais-je attachée,
Aurais-je, je vous prie, avec tant de douceur
Écouté tout au long l'offre de votre cœur,
Aurais-je pris la chose ainsi qu'on m'a vu faire,
1430 Si l'offre de ce cœur n'eût eu de quoi me plaire ?

---

1. *Par où* : pourquoi.
2. *Ce qu'on... sentiments* : les sentiments qu'on peut nous inspirer.
3. *De l'air* : de la manière.
4. *Se rend* : succombe à l'amour.
5. *Et sur ... bien peu* : montrer bien peu de pudeur pour une femme.

Et lorsque j'ai voulu moi-même vous forcer
À refuser l'hymen qu'on venait d'annoncer,
Qu'est-ce que cette instance a dû vous faire entendre,
Que l'intérêt qu'en vous on s'avise de prendre,
1435 Et l'ennui qu'on aurait que ce nœud qu'on résout[1]
Vînt partager du moins un cœur que l'on veut tout[2] ?

TARTUFFE

C'est sans doute, Madame, une douceur extrême
Que d'entendre ces mots d'une bouche qu'on aime :
Leur miel dans tous mes sens fait couler à longs traits
1440 Une suavité qu'on ne goûta jamais.
Le bonheur de vous plaire est ma suprême étude,
Et mon cœur de vos vœux fait sa béatitude ;
Mais ce cœur vous demande ici la liberté
D'oser douter un peu de sa félicité.
1445 Je puis croire ces mots un artifice honnête
Pour m'obliger à rompre un hymen qui s'apprête ;
Et s'il faut librement m'expliquer avec vous,
Je ne me fierai point à des propos si doux,
Qu'un peu de vos faveurs, après quoi je soupire,
1450 Ne vienne m'assurer tout ce qu'ils m'ont pu dire,
Et planter dans mon âme une constante foi[3]
Des charmantes bontés que vous avez pour moi.

ELMIRE, elle tousse pour avertir son mari.

Quoi ? vous voulez aller avec cette vitesse,
Et d'un cœur tout d'abord épuiser la tendresse ?
1455 On se tue à vous faire un aveu des plus doux ;
Cependant ce n'est pas encore assez pour vous,
Et l'on ne peut aller jusqu'à vous satisfaire,
Qu'aux dernières faveurs on ne pousse l'affaire ?

TARTUFFE

Moins on mérite un bien, moins on l'ose espérer.
1460 Nos vœux sur des discours ont peine à s'assurer.

---

1. *Ce nœud qu'on résout :* ce mariage qu'on décide.
2. *Tout :* tout entier.
3. *Constante foi :* confiance, certitude absolue.

On soupçonne[1] aisément un sort tout plein de gloire,
Et l'on veut en jouir avant que de le croire.
Pour moi, qui crois si peu mériter vos bontés,
Je doute du bonheur de mes témérités ;
1465 Et je ne croirai rien, que vous n'ayez, Madame,
Par des réalités su convaincre ma flamme.

ELMIRE

Mon Dieu, que votre amour en vrai tyran agit,
Et qu'en un trouble étrange il me jette l'esprit !
Que sur les cœurs il prend un furieux empire,
1470 Et qu'avec violence il veut ce qu'il désire !
Quoi ? de votre poursuite on ne peut se parer,
Et vous ne donnez pas le temps de respirer ?
Sied-il bien de tenir une rigueur si grande,
De vouloir sans quartier[2] les choses qu'on demande,
1475 Et d'abuser ainsi par vos efforts pressants
Du faible que pour vous vous voyez qu'ont les gens ?

TARTUFFE

Mais si d'un œil bénin vous voyez mes hommages,
Pourquoi m'en refuser d'assurés témoignages ?

ELMIRE

Mais comment consentir à ce que vous voulez,
1480 Sans offenser le Ciel, dont toujours vous parlez ?

TARTUFFE

Si ce n'est que le Ciel qu'à mes vœux on oppose,
Lever un tel obstacle est à[3] moi peu de chose,
Et cela ne doit pas retenir votre cœur.

ELMIRE

Mais des arrêts du Ciel on nous fait tant de peur !

TARTUFFE

1485 Je puis vous dissiper ces craintes ridicules,
Madame, et je sais l'art de lever les scrupules.

---

1. *Soupçonne* : met en doute.
2. *Sans quartier* : sans faire grâce de rien.
3. *À* : pour.

Le Ciel défend, de vrai, certains contentements ;

(C'est un scélérat qui parle.)

Mais on trouve avec lui des accommodements ;
Selon divers besoins, il est une science
1490 D'étendre les liens[1] de notre conscience
Et de rectifier le mal de l'action
Avec la pureté de notre intention.
De ces secrets, Madame, on saura vous instruire ;
Vous n'avez seulement qu'à vous laisser conduire.
1495 Contentez mon désir, et n'ayez point d'effroi :
Je vous réponds de tout, et prends le mal sur moi.
Vous toussez fort, Madame.

ELMIRE

Oui, je suis au supplice.

TARTUFFE

Vous plaît-il un morceau de ce jus[2] de réglisse ?

ELMIRE

C'est un rhume obstiné, sans doute ; et je vois bien
1500 Que tous les jus du monde ici ne feront rien.

TARTUFFE

Cela certes est fâcheux.

ELMIRE

Oui, plus qu'on ne peut dire.

TARTUFFE

Enfin votre scrupule est facile à détruire :
Vous êtes assurée ici d'un plein secret,
Et le mal n'est jamais que dans l'éclat qu'on fait ;
1505 Le scandale du monde est ce qui fait l'offense,
Et ce n'est pas pécher que pécher en silence.

ELMIRE, *après avoir encore toussé.*

Enfin je vois qu'il faut se résoudre à céder,
Qu'il faut que je consente à vous tout accorder,

---

1. *Étendre les liens :* relâcher la sévérité.
2. *Jus :* bâton.